Der Werdersche Markt in Berlin

Helmut Zschocke

Der Wersche Markt in Berlin

– Gewerbefleiß, Abrisswut, Großmannssucht –

Vier Jahrhunderte deutsche Geschichte an *einem* Ort

Bibliografische Information der Deutschen Nationalbibliothek
Die Deutsche Nationalbibliothek verzeichnet diese Publikation
in der Deutschen Nationalbibliografie; detaillierte bibliografische
Daten sind im Internet über http://dnb.d-nb.de abrufbar.

Umschlagabbildung:
Werderscher Markt und östliche Werderstraße, 1898
© Stiftung Stadtmuseum Berlin

Gedruckt auf alterungsbeständigem, säurefreiem Papier.
Druck und Bindung: CPI books GmbH, Leck

ISBN 978-3-631-82909-7 (Print)
E-ISBN 978-3-631-83089-5 (E-PDF)
E-ISBN 978-3-631-83090-1 (EPUB)
E-ISBN 978-3-631-83091-8 (MOBI)
DOI 10.3726/b17346

© Peter Lang GmbH
Internationaler Verlag der Wissenschaften
Berlin 2020
Alle Rechte vorbehalten.

Peter Lang – Berlin · Bern · Bruxelles · New York ·
Oxford · Warszawa · Wien

Das Werk einschließlich aller seiner Teile ist urheberrechtlich
geschützt. Jede Verwertung außerhalb der engen Grenzen des
Urheberrechtsgesetzes ist ohne Zustimmung des Verlages
unzulässig und strafbar. Das gilt insbesondere für
Vervielfältigungen, Übersetzungen, Mikroverfilmungen und die
Einspeicherung und Verarbeitung in elektronischen Systemen.

Diese Publikation wurde begutachtet.

www.peterlang.com

Inhaltsverzeichnis

Einführung 7

1. Der Friedrichswerder im Zeitenwandel 9
    Die ersten repräsentativen Bauten am Werderschen Markt 10
    Hofbediente und Hugenotten 15
    Gewerbetreibende 18
    Das Friedrichswerdersche Gymnasium 24
    Die Zerstörung der kleinteiligen Stadtstruktur 27
    Alte und neue Reichsbank 33

2. Vom Premierminister zum Häftling. Eberhard von Danckelmann 49

3. Brandenburg als Kolonialmacht? Benjamin Raule 55

4. Reklamekönig und Patriot. Ernst Litfaß 63

5. Der Kaufhaus-Pionier. Hermann Gerson 73

6. Als Finanz-Autorität unantastbar? Hjalmar Schacht 85

7. Kriminalpolizei unter NS-Willkür. Arthur Nebe 97

8. Evangelischer Protest im Dritten Reich. Martin Niemöller 109

9. Väter eines totgeweihten Kindes. Walter Ulbricht und Erich Honecker 119

10. Epilog 129

Literaturverzeichnis 135
Bildnachweis 138

Einführung

Die in Verlängerung der Französischen Straße auf das Berliner Schloss zulaufende Straße „Werderscher Markt", bis zum Jahre 1999 „Werderstraße", erinnert kaum an einen ehemaligen Marktplatz. Schwer vorstellbar, dass hier einst ein buntes Treiben herrschte und gackernde Hühner, in der Sonne leuchtende Äpfel oder Tontöpfe feilgehalten wurden. Allenfalls der unbebaute Raum vor Schinkels Friedrichswerderscher Kirche, der sich bis zur – noch immer als Blendwerk auftretenden - Bauakademie erstreckt, lässt an eine ehemals zentral angelegte Freifläche denken. Hugo Lederers später, im Jahre 1928 aufgestellter und 1958 erneuerter Brunnen, auf dem die Bärenmutter ihre spielenden Kinder beaufsichtigt sowie ein paar Bäume und Sitzbänke betonen die Unterbrechung der Häuserfront und laden zum Verweilen ein.

Das streng die Straßenfront einhaltende Auswärtige Amt gegenüber und ebenso das von dem Vier-Sterne-Arthotel dominierte Karree lassen hingegen keinen Platz für freie Fläche. Stutzig macht allerdings der Blick auf einen Wegweiser. Die Straße, die - beide Blöcke trennend - gegenüber der Kirche einmündet, trägt

an ein- und demselben Pfahl zwei gleichermaßen nach Süden weisende Namensschilder: „Werderscher Markt" und „Kurstraße →". Letztere beginnt nach etwa achtzig Metern und erweist sich als Verlängerung der ersteren. Bis zur Scheidelinie, die sich in Höhe der Jägerstraße befindet, muss demnach einst die südliche Ausdehnung des Marktes gereicht haben.

Ältere Stadtkarten bestätigen denn auch das Vorhandensein dieses Freiraums. Seine Bebauung, zu der das Rathaus gehörte, ging teilweise bis ins ausgehende 17. Jahrhundert zurück.

Aber bereits zweihundert Jahre später ist dieser Teil des Werderschen Markts historischen Unterlagen zufolge verschwunden. Wertvolle, von der Geschichte der Stadt und derjenigen Preußens zeugende Gebäude werden der berüchtigten Berliner Abrisswut geopfert. Die aufstrebende Weltstadt bringt stattdessen ihre eigenen architektonischen Zeugnisse hervor.

Jedoch auch deren Jahre sind gezählt. Was in den Dreißigern des vorigen Jahrhunderts folgt und nur wegen des Krieges unvollendet bleibt, ist einmalig in Berlin. Im Zuge des Kahlschlags für den Erweiterungsbau der Reichsbank (den heute das Auswärtige Amt nutzt) verschwinden zugunsten dieses einen neuen Bauwerks nicht weniger als 69 eigenständige bebaute Grundstücksparzellen. Zugleich fallen dem bombastischen Bauvorhaben vier komplette Straßen zum Opfer; weitere Straßenzüge verlieren die Häuser auf einer Seite.

Nichts erinnert heute südlich der West-Ost-Straße Werderscher Markt (die übrigens ihren neuen Namen gleichzeitig mit der Arbeitsaufnahme des Auswärtigen Amts erhielt) an die Vergangenheit. Nur wenige Beamte und Angestellte des Ministeriums dürften wissen, was für ein buntes städtisches Leben unter ihren Füßen einst stattgefunden hat. Und wer von den im Hotel oder in den Büros des Karrees Tätigen, wer von den Bewohnern der dortigen Appartements ahnt die dramatischen Veränderungen, die sich hier vor dem Krieg vollzogen – ein Wandel von Stätten voller Gewerbefleiß, Alltagsleben und Gemütlichkeit in einen Ort von Repression und Menschenverachtung!

Gewiß lohnt es, an verschwundene wertvolle Bausubstanz des Werderschen Markts und seines Umfelds zu erinnern. Aber unbedingt zu würdigen sind - häufig weit über Berlin hinaus bekannt gewordene - Persönlichkeiten, die hier zu historisch unterschiedlichsten Zeitpunkten wohnten und wirkten und an die keine Gedenktafel erinnert: Der kurfürstliche Premierminister, der trotz seiner Verdienste im Kerker landet; der holländische Kaufmann, der im Auftrag des Großen Kurfürsten versucht, Brandenburg in eine Seemacht zu verwandeln und nach anfänglichen Erfolgen scheitert; der Buchdrucker, Erfinder eines gemeinnützigen, auch außerhalb des Landes geschätzten Stadtmöbels, der trotz aller Umtriebigkeit nicht die Anerkennung „ganz oben" erlangt, wie sie anderen Unternehmern zuteil wird; der Schöpfer des ersten Kaufhauses von Berlin, dessen Lebenswerk der sog. Arisierung zum Opfer fällt; der Chef der Deutschen Reichsbank, der sich willig den NS-Machthabern andient und den zu keiner Zeit Schuldgefühle quälen; der Direktor des NS-Reichskriminalpolizeiamts, der sich mittels Tricks, Intrigen, aber auch mit regimekonformen verbrecherischen Taten durchschlängelt – und zugrunde geht; der Kirchenmann, der sich mutig der NS-Ideologie widersetzt; der SED-Chef und Staatsratsvorsitzende, der wie sein Nachfolger versucht, eine sozialistische Gesellschaftsordnung zu errichten, was zum Scheitern verurteilt ist.

Viel ehrgeiziges Streben, aber auch Größenwahnsinniges hat der Werdersche Markt erlebt. Mit diesem Wissen ausgestattet, sieht mehr, wer dort wohnt, arbeitet, übernachtet oder flaniert.

1. Der Friedrichswerder im Zeitenwandel

Im Unterschied zu Berlin und Cölln, die im letzten Viertel des zwölften Jahrhunderts als spontane Ansiedlungen am Treffpunkt von Handelswegen entstehen, handelt es sich beim Friedrichswerder um eine landesherrliche Stadtgründung.

Von Kurfürst Friedrich Wilhelm im Jahre 1660 beurkundet, ist dies die erste Erweiterung Berlins nach annähernd fünfhundert Jahren; sie zeugt zusammen mit zwei anderen kurzzeitig folgenden Gründungen – der Dorotheenstadt beiderseits der „Linden" 1674 und unter Kurfürst Friedrich III., der Friedrichstadt südlich der Behrenstraße 1688 – vom Aufschwung des brandenburgisch-preußischen Staates nach dem Dreißigjährigen Krieg. Die Residenz vergrößert sich dadurch innerhalb weniger Jahre auf mehr als das Doppelte.

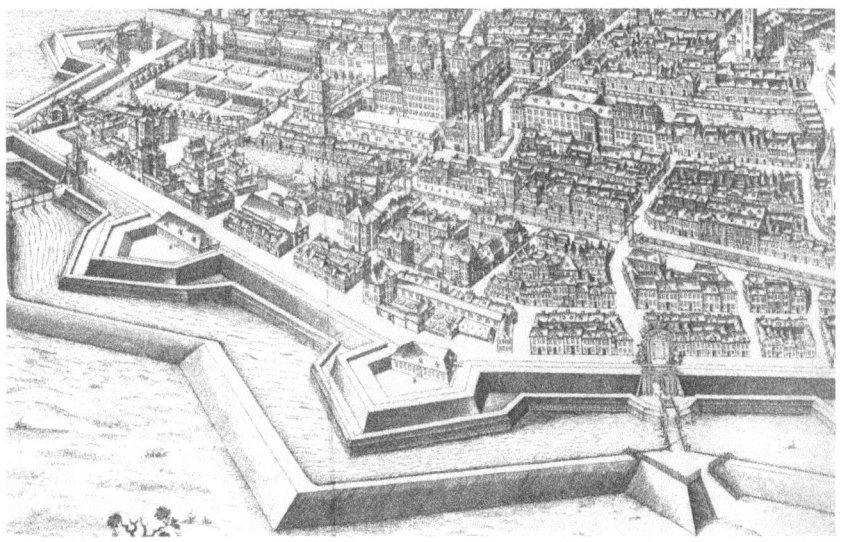

Ausschnitt aus dem Plan von Schultz 1688 mit Friedrichswerderschem Rathaus (Nr. 25) und Reithaus (Nr.10)

Der 26 Hektar umfassende Friedrichswerder schließt sich westlich an das – mit 52 ha doppelt so große - Cölln an. Im Osten wird er somit vom Spreenebenarm mit Ober-und Unterwasserstraße, im Westen von der Ober- und Unterwallstraße begrenzt. Er beginnt im Süden am Spittelmarkt und endet im Norden mit der Straße Hinter dem Gießhaus. Das ursprünglich von mehreren Spreearmen durchzogene Terrain, schon lange vor der Stadtgründung mit einer Schleuse zur Regulierung des Wasserstands und zum Betreiben von Mühlen auf der cöllnischen Seite versehen, wird in den 1658 begonnenen Festungsbau einbezogen. Dessen Baumeister, der Holländer Johann Gregor Memhardt, ist in der neuen Stadt auch für die Anlage der Straßen verantwortlich; für sich selbst errichtet er nahe der Hundebrücke (heute Schlossbrücke) ein Haus an dem Ort, den später die Kommandantur (heute Bertelsmann-Repräsentanz) einnimmt. Friedrich Wilhelm ernennt den Stadtplaner 1669, nach Ablösung der kurfürstlichen Verwaltung durch einen Magistrat, zum ersten Bürgermeister des Werder.

Die ersten repräsentativen Bauten am Werderschen Markt

Mittelpunkt der Stadt ist der Werdersche Markt. An dessen Südseite steht das Rathaus, zwischen 1672 und 1678 nach von Giovanni Simonetti erbaut. Allerdings sind den Ratsherren nur drei Jahrzehnte vergönnt, sich dort zu versammeln; im Jahre 1709 löst der preußische König Friedrich I. die Magistrate der Teilstädte auf und verordnet eine für das gesamte Berlin zuständige Verwaltung. Zeitlich länger währt das Schicksal des Rathausgebäudes. Bis zu seiner Brandvernichtung im Jahre 1794 dient es unterschiedlichsten Zwecken; neben seiner ursprünglichen Bestimmung auch als Gericht, Gefängnis und Folterkammer, zunächst sogar aushilfsweise als Kirche, später unter anderem als Brotladen. Im Obergeschoss ist das Friedrichswerdersche Gymnasium untergebracht.

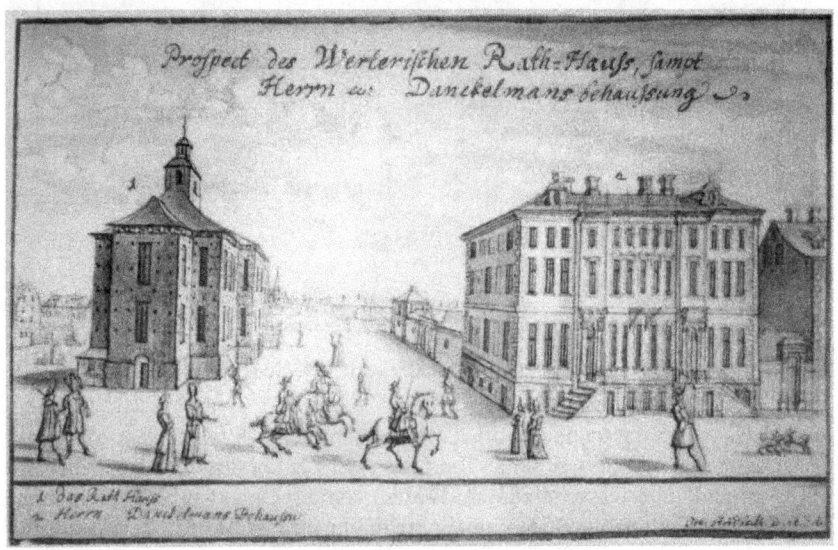

Rathaus und Palais Danckelmann. Johann Stridbeck. Um 1690

Seine Funktion als Behelfskirche verliert das Rathaus nach kurzer Zeit. Im Jahre 1699 stellt Kurfürst Friedrich III. den Marstall für den Umbau in eine Kirche zur Verfügung, und Simonetti verwandelt das alte Kurfürstliche Reithaus in ein schlichtes Bethaus, aus dessen Mitte ein Glockenturm herauswächst. Es dient zur einen Hälfte der deutschen, zur anderen der französischen Gemeinde. In Nord-Süd-Ausrichtung angelegt, grenzt das Gebäude mit seiner Schmalseite an den Werderschen Markt.

Alte Friedrichswerdersche Kirche. 1801

Am gleichen Ort ersetzt Karl Friedrich Schinkel in den Jahren 1824 bis 1830 den baufälligen barocken Bau durch die heute noch die Nordseite des Werderschen Markts zierende neogotische Backsteinkirche, die großen Einfluss auf die sakrale Architektur des 19. Jahrhunderts gewinnen sollte.

Ein weiterer herausragender Bau aus dem 17. Jahrhundert ist das um 1688 nach Entwürfen von Johann Arnold Nering in Spätrenaissance ausgebaute dreistöckige, mit einer Freitreppe aus Quadersteinen und Balkon versehene Palais Danckelmann. Es gehört zu den schönsten Palais´ von Berlin. Das Bauwerk, das seine Front zur Jägerstraße richtet, ist das letzte Gebäude der Kurstraße (Nr. 52-53), die den südlichen und mittleren Werder durchläuft und am Werderschen Markt endet.

Eberhard von Danckelmann, unter Kurfürst Friedrich III. Premierminister und Oberpräsident aller Landeskollegien, ist der einflussreichste Politiker des Landes. Nach der Entmachtung und Enteignung des Hausherrn im Jahre 1697 dient das Palais fremden Fürsten, die sich zeitweilig in Berlin aufhalten, als Wohnort. Bald spricht man nur noch vom Fürstenhaus.

Über die Zeitdauer von einem Jahrhundert bleibt das Palais Danckelmann die letzte nennenswerte Architekturschöpfung am Werderschen Markt. Erst im Jahre 1798 entsteht ein neuer wertvoller Bau, nun im Stile des frühen Berliner Klassizismus. Heinrich Gentz - Sohn des Generalmünzdirektors Johann Friedrich Gentz – errichtet am Ort des abgebrannten Rathauses den Neubau für die Berliner Münze. In dem Gebäude sollen außerdem das Mineralienkabinett, die Bauakademie sowie Teile des Bergdepartements untergebracht werden.

Alte Münze, im Hintergrund das Fürstenhaus. Aquarell von Johann Schulze. 1806

Neben der Quaderung des unteren Geschosses, neben der Freitreppe, der zwischen zwei altgriechisch-dorischen kannelierten Säulen eingefassten Tür, den halbrunden Fenstern des Hauptgeschosses und dem weit vorspringenden, nach oben mit einem Giebel abschließenden Mittelrisalit denkt sich Gentz für sein Bauwerk ein – mit einem heutigen Wort – Alleinstellungsmerkmal aus. Das Gebäude wird rechts und links vom Risalit, an den Seiten und an einem Teil der Rückfront von einem insgesamt 36,4 Meter langen und 1,5 Meter hohen reliefgeschmückten Friesband umzogen. Die auf ihm dargestellte Bildungsgeschichte von Gegenständen – Gewinnung und Aufbereitung von Metall sowie die Herstellung von Münzen - in antikischen Formen und allegorischer Erzählweise ist für die damalige Zeit etwas völlig Neues. Friedrich Gilly, Schwager von Gentz, erhält den Auftrag, die Entwurfszeichnungen anzufertigen. Johann Gottfried Schadow arbeitet mit seinen Gehilfen die Friese in Sandstein aus.

Vom Jahre 1836 an zieht ein weiteres Bauwerk die Aufmerksamkeit der Berliner, aber auch der Fachwelt, auf sich, die Bauakademie von Karl Friedrich Schinkel. Sie ist der bedeutendste profane Ziegelbau Preußens. Das Gebäude und der später hinter ihm angelegte Schinkelplatz bedecken das Gelände des historisch ersten Berliner Hafenbeckens mit dem 1668 erbauten Packhof zur Warenablage (Niederlage).

Bauakademie. F. Albert Schwartz 1880

Die Bauakademie zählt zu den reifsten und am besten durchdachten Schöpfungen Schinkels. Der auf quadratischem Grundriss mit einer Seitenlänge von 46 Metern stehende und 21 Meter hohe Bau ist bau- und kunstgeschichtlich deshalb bahnbrechend, weil er den für Jahrhunderte vergessenen, in den märkischen Landen traditionellen Backsteinbau wiedererweckt. Das Gewölbeprinzip – im Grundriss streng durchgeführt und in der Fassade klar widergespiegelt – ist in feinen, dem Backsteinmaterial gut angepassten Formen ausgeführt. Die Fassaden sind mit dunkelroten Backsteinen und Streifeneinlagen von hellvioletten glasierten Ziegeln verblendet und zeigen an den Portal- und Fenstereinfassungen einen reichen Terracotta-Schmuck. Von Bildhauern der Rauch-Schule kommen die figürlichen und ornamentalen Reliefs, die die Geschichte der Baukunst darstellen.
Das Gebäude ist Lehrstätte für Baumeister und Feldvermesser und zugleich Sitz der preußischen Bauverwaltung, der Ober-Bau-Deputation. Letztere steht unter

Leitung von Schinkel, der im Haus auch seine Dienstwohnung hat. Nach Schinkels Tod im Jahre 1841 zieht das seinem Schaffen gewidmete und nach ihm benannte Museum ein. Die Bauschule verbleibt in dem Gebäude bis zu ihrer Eingliederung in die 1879 neu gegründete Königliche Technische Hochschule, Charlottenburg. Danach dient das Gebäude verschiedensten Zwecken. Gegen Ende des 19. Jahrhunderts sind hier Unterrichtsräume der Königlichen Akademie der Künste, das Geographische Institut der Friedrich-Wilhelms-Universität, das Meßbildinstitut des Ministeriums der Geistlichen, Unterrichts- und Medizinalangelegenheiten, das Meteorologische Institut und die Königliche Musikinstrumentensammlung untergebracht. Ab 1920 wird das Haus von der Deutschen Hochschule für Politik und ab 1933 als SS-Schulungsstätte genutzt.

Werderscher Markt, Nordostseite. Nach 1928

Ein Bombenangriff Anfang Februar 1945 beendet die Geschichte der Bauakademie. Der Wiederaufbau gedeiht bis zum Richtfest am 21. November 1953. Dann ändert sich die Politik der SED-Führung. Trotz vielfältiger Proteste wird das Gebäude abgebrochen. Im Jahre 1962 ist es verschwunden - und harrt bis heute trotz wiederholter lauthals verkündeter Absichtserklärungen seiner Wiederauferstehung. Einige Jahre besetzt das architektonisch unattraktive Außenministerium der DDR den Ort.

Hofbediente und Hugenotten

Die Besiedlung des Friedrichswerder schreitet rasch voran. Wo zum Zeitpunkte der Stadtgründung noch mehrere Wasserarme zugeschüttet werden müssen, um drei Inseln in geschlossenes Festland zu verwandeln, stehen ein halbes Jahrzehnt später bereits 92 Häuser. Jedes zweite (47) gehört einem Hofbediensteten. Sein Weg zum Schloss über die Schleusen- oder die Hundebrücke ist kurz. Seit 1689 verbindet überdies die Spreegassenbrücke, die unter dem Namen Jungfernbrücke bis heute besteht, den Werder mit Cölln. Umgekehrt nutzen die Herrschaften aus den kleinen Palais' der Breiten und der Brüderstraße diesen Übergang bis zu dessen Umbau 1798 zum Fußgängersteg, um mit ihren Wagen zum Leipziger Tor und von dort nach Potsdam, Brandenburg oder Magdeburg zu fahren.

Ein Vierteljahrhundert nach der Stadtgründung kommen die Hugenotten. Mit dem Potsdamer Edikt vom 29. Oktober 1685 bietet Kurfürst Friedrich Wilhelm den französischen Glaubensflüchtlingen Zuflucht. Er weist ihnen Baustellen zu, versorgt sie mit Baustoffen, erlässt ihnen für sechs bis zehn Jahre die direkten Steuern, unterstützt sie bei der Anlage von Manufakturen und garantiert freies Bürger- und Meisterrecht. Nun schwillt der Strom der Einwandernden an, in Berlin bis 1690 auf 3000, zur Jahrhundertwende sogar auf etwa 5000 Köpfe, ein Fünftel der Berliner Bevölkerung.

Die Hugenotten bleiben noch lange unter sich, behalten ihr Französisch bei und heiraten zumeist untereinander. Mit den Alteingesessenen pflegen sie hauptsächlich wirtschaftliche Beziehungen, wobei sie sich nicht selten als überlegene Konkurrenten erweisen – mit ihren feinem Tuch, den Bildteppichen und anderen veredelten, in Berlin unbekannten Erzeugnissen, mit neuen Speisen oder mit ihren Gärtnereien.

Sie errichten auf dem Friedrichswerder Textilmanufakturen, werben den alteingesessenen Tuchwebern die Gesellen ab und stellen überhaupt das Zunftwesen, das blind macht für Neues und Besseres, in Frage. Das schafft böses Blut bis zu Handgreiflichkeiten, angeschürt auch durch die Predigten des lutherischen Pfarrers Magister Schrader.

Nach dem Willen des Kurfürsten sollen sich die neuen Bürger nach Religion, Recht und Sitte wie in ihrer Heimat fühlen; die französische Kolonie regelt ihre Angelegenheiten selbst - mit eigener Verwaltung, eigenem Gericht, eigenem Konsistorium, eigenen Schulen und Wohlfahrtseinrichtungen. Die große Zahl der Neuankömmlinge hätte deren geordnete Eingliederung in die deutsche Stadtverwaltung ohnehin verhindert. Gemeinsame abendländisch-christliche Traditionen und Werte sorgen dafür, dass Integration und Assimilation der Hugenotten über die Zeit hinweg im Wesentlichen ohne äußere Eingriffe, gewissermaßen „von allein" ablaufen.

Wie die Anpassungen fortschreiten, zeigt das Beispiel der drei Schwestern, die neben der Jungfernbrücke eine Boutique errichten und dort teils selbstgefertigte Hüte, Bänder, Spitzen für Kleiderärmel oder Halstücher, Kopfputzgestelle, lange weißseidene Handschuhe und Herrenstrumpfbänder anbieten, dabei auf höchste Kundschaft, darunter die Marquise von Danckelmann, zählen können. Dort, bei den Brückenjungfern ist immer das Neueste vom Hof zu hören, nach der Selbstkrönung Friedrichs I. etwa das Bonmot: „Können Sie uns sagen, Mademoiselle, wie man König wird?" „Sehr einfach. Man nehme eine Krone und setzte sie sich aufs Haupt."

Jungfernbrücke und Alte Leipziger Straße. Vor 1930

Hundert Jahre später sind die Hugenotten längst Berliner wie jeder andere Stadtbewohner. Unterschiedslos werden auch unter ihnen Einzelne für den damals beliebten Humoristen Adolf Glaßbrenner zum Gegenstand seines Spotts, wie etwa „Nouis Bneu, Nederhändler" aus der Alten Leipziger Straße, der das „**L**" nicht aussprechen und „ohne Nachtnichte nicht schnafen kann."[1]

---

[1] Adolf Heilborn, Die Reise nach Berlin, Berlin 1925, S. 7

Die Glaubensflüchtlinge werden hauptsächlich in den o.g. drei neuen Städten angesiedelt. Das führt zusammen mit dem internen Bevölkerungswachstum dazu, dass der Friedrichswerder bald komplett bebaut ist. Friedrich Nicolai nennt für das Jahr 1786 eine Anzahl von 302 Vorder- und 296 Hinterhäusern. Man zählt 21 Straßen, acht Gassen, zwei Plätze und zwei Kirchen.

Mit dem Abtragen der Festungswälle zwischen 1734 und 1737 verliert der Werder seine Absonderung gegenüber der Friedrichstadt, die ihrerseits nun direkt mit Berlin und Cölln verbunden ist. Von der Französischen Straße gelangt man jetzt über Werderstraße und Schleusenbrücke auf den Schloßplatz, von der Friedrichstädtischen über die Werdersche Jägerstraße auf den Werderschen Markt. Mohrenstraße und Taubenstraße führen nun auf die ehemalige Festungsbastion III, jetzt Hausvogteiplatz, der später zum Zentrum des Konfektionsviertels wird, und die Leipziger Straße gelangt auf die frühere Bastion IV, den Spittelmarkt, der von Südwest den Zugang zur Innenstadt öffnet.

Gleichzeitig können nun die Westseiten der Bastionen und der bisherigen Grenzstraßen – Niederwall-, Oberwallstraße, Hinter dem Gießhaus – bebaut werden. Unter den Prachtbauten der östlichen „Linden" befinden sich heute auf dem Gelände der beseitigten Erdwälle das Prinzessinnenpalais, die Neue Wache (Zentrale Gedenkstätte der Bundesrepublik Deutschland für die Opfer von Krieg und Gewaltherrschaft), das Preußische Finanzministerium (Palais am Festungsgraben) und die Singakademie (Maxim-Gorki-Theater) während das Zeughaus (Deutsches Historisches Museum), die Kommandantur und das Kronprinzenpalais innerhalb der gedachten Festungsgrenzen stehen.

Den neu entstehenden Wohnbauten auf der Westseite der Oberwallstraße ist anzusehen, dass sie im Vergleich zu ihren Visavis gehobeneren Ansprüchen dienen. Im Haus Nr. 3 verbringt Antoine Pesne letzte Lebensjahre. Der in Paris Geborene ist seit 1711 Hofmaler in Preußen und ab 1722 Direktor der Berliner Kunstakademie. Er genießt bei König Friedrich II. hohes Ansehen. Viele Portraits dieses Herrschers und weiterer preußischer Regenten sind von seiner Hand. Zwei Häuser weiter, aber rund ein Jahrhundert später lebt hier Fanny Lewald. Die zum Christentum konvertierte Jüdin streitet in ihren Romanen und Erzählungen leidenschaftlich für die allseitige Gleichberechtigung der Frau in Preußen.

Die Pracht- und Neubauten nehmen fast den gesamten Friedrichswerder nördlich des Werderschen Markts ein. Es verbleibt nur ein winziges Wohngebiet an der Kirche. Hinter dieser verläuft die kurze Werdersche Rosenstraße, an deren Ecke zur Niederlagstraße sich für einen sehr langen Zeitraum – von 1701 bis 1873 – das Französische Gymnasium mit Schülern wie Heinrich von Kleist, Adalbert von Chamisso u.v.a. befindet. Im Haus Nr. 3 wohnt zeitweilig Alexander von Humboldt.

Westlich der Kirche liegt die Falkoniergasse mit zehn kleinen Häusern; fünf weitere Gebäude weist der in dieser Höhe verlaufende Abschnitt der Ostseite der Oberwallstraße aus. Der Lyriker Friedrich Georg Jünger zieht Anfang der dreißiger Jahre des vorigen Jahrhunderts in die Werdersche Rosenstraße und schreibt über sie: „Rosen wuchsen nicht darin, wohl aber einige Bäume. Von hier erreichte ich mit wenigen Schritten die Linden, war nicht weit vom Alexanderplatz entfernt und blieb doch in einem stillen, lautlosen Winkel der Stadt, in dem alles einem anderen Jahrhundert angehörte." [2] All dies verschwindet durch Krieg und Nachkriegsabriss. Heute ist dieses Karree durch eine attraktive Wohnanlage bebaut.

Gewerbetreibende

Südlich des Werderschen Markts ähnelt die Siedlungsstruktur Anfang des zwanzigsten Jahrhunderts überwiegend derjenigen, die neben der Kirche vorzufinden ist. Ausgeprägt kleine Parzellen wie etwa an der Falkoniergasse gibt es jedoch nur im Südwesten, zwischen Kleiner Jäger- und Leipziger Straße. Östlich der Kurstraße bis hin zur Unter- und Oberwasserstraße sind die Grundstücke größer. Hier wohnt man nicht nur, hier wird auch gearbeitet – in der Wohnung, im Handwerksbetrieb oder in einer kleinen Fabrik.

Hauptgewerbe ist die Bekleidungsindustrie. In Berlin ist sie gegen Ende des 19. Jahrhunderts mit zeitweilig bis zu 250.000 Beschäftigten die größte Branche und über die gesamte Stadt verteilt. Über ihr Zentrum, das Berliner Konfektionsviertel, nachfolgend die ernüchternde Beschreibung von Walther Kiaulehn:

„ Bei Konfektion denkt man an hübsche Mädchen, an den wippenden Gang der Mannequins, an buhlerische Luft, durchduftet von Parfüms, an Anmut und Schönheit. Sicher gab es dies alles, es machte sich jedoch auf den Straßen nicht bemerkbar. Graue Geschäftshäuser, ganze Schaufensterfluchten mit sachlichem Schneiderkram, alles gleichgültig. In dem ganzen Viertel war nur die rhomboide Form des Hausvogteiplatzes absonderlich, übriggeblieben aus der alten Festungszeit." [3]

Am Hausvogteiplatz sitzt der Konfektionsgroßhandel mit seinen Kontoren und Lagern. Diesen heute eher ruhig anmutenden Platz beherrscht seit den achtziger Jahren des 19. Jahrhunderts das wohl stärkste Geschäftstreiben Berlins. Modistinnen, Mannequins und Laufmädchen gehören dazu, aber es sind besonders die Schneider, Einkäufer und Packer, die das Bild prägen. Droschken, später Kraftwagen stehen vor den – fast ausschließlich jüdischen – Firmensitzen, liefern Fertigwaren und holen Material ab. Beides nimmt seinen Weg über die vergitterten Lastenfahrstühle, die in den engen Hofschächten der Konfektionshäuser auf-

---

[2] Fred Oberhauser, Nicole Henneberg, Literarischer Führer Berlin, Frankfurt am Main, Leipzig 1998, S. 236
[3] Walther Kiaulehn, Berlin, München und Berlin 1958, S. 478

und abkrächzen. Von diesen Häusern ist nur noch eines im annähernd originalen Zustand vorhanden; leicht zu erkennen an der großen, die Vorderfront zierenden Uhr.

Bemerkenswert ist die Organisation des Berliner Konfektionsgewerbes mit seinen Schwerpunkten Damenoberbekleidung und Mäntel, aber auch Herren- und Knabenbekleidung sowie Wäsche. Die Beschäftigten, zu drei Vierteln Frauen, arbeiten in einzelnen Fabrikbetrieben, mehr noch in kleinen und kleinsten Werkstätten, vor allem aber in ihren Wohnungen als Heimarbeiterinnen. Zehntausende Frauen und Töchter von Arbeitern, Angestellten oder Beamten stellen hauptberuflich oder gelegentlich Konfektionsartikel her. Der Druck, unter dem diese Frauen stehen, ist enorm. Die Nähmaschine ist womöglich noch nicht abbezahlt. Oft müssen die anderen Familienmitglieder, auch die kleinen Kinder, bis in den späten Abend beim Bügeln oder Knopfannähen mithelfen, um das Arbeitspensum zu bewältigen.

In kaum einer anderen Branche werden derart niedrige Löhne gezahlt. Zwischen dem Großhändler und der Näherin stehen ein oder mehrere Zwischenmeister, die jenseits der Aufträge, die sie selbst ausführen, einen Teil der Orders und des Materials an Heimarbeiterinnen weitergeben. Da die Preise, zu denen das Konfektionshaus verkauft, vertraglich feststehen, geht die Verlängerung der Kette zu Lasten des letzten Glieds, des unmittelbaren Produzenten. Im Jahre 1925 beträgt der Stundenlohn der Konfektionsarbeiterin etwa 35 Pfennig. Ein Kilogramm Roggenbrot kostet 1921, vor der großen Inflation des Jahres 1923, ca. 2,50 Mark.[4]

Unmittelbar an den Sitz der Großhändler schließen sich die Wohnzeilen des Friedrichswerder an. Die gewerbliche Ausstrahlung des Hausvogteiplatzes ist hier dementsprechend stark. Nach einer überschlägigen Zählung haben im Jahre 1910 pro Haus zwei Mieter mit dem Bekleidungsgewerbe zu tun, sie fertigen Mäntel, Wäsche, Stoffe, Posamenten, Stickereierzeugnisse, Rauchwaren, Gürtel, Knöpfe. Fußläufig erreichbar ist ein Ort, an dem sich die hier Tätigen beruflich weiterbilden können: Unmittelbar hinter der Schleusenbrücke steht ein großes, langgestrecktes Gebäude, dem Nachbarschaft und äußerer Anblick die inoffizielle Bezeichnung „Rotes Schloss" einbrachten. An dessen Fassade prangen jahrzehntelang etagenhoch die Worte „Deutsche Zuschneideakademie". Konfektionäre und Entwurfskünstler werden hier ausgebildet. Und in der Oberwasserstra-

---

[4] Willy Mann, Berlin zur Zeit der Weimarer Republik, Berlin 1957, S. 88; Hans Guradze, Die Brotpreise in Berlin nebst den Kosten des Ernährungs- und Lebensbedarfs in Berlin während der ersten Hälfte 1921. In: Jahrbücher für Nationalökonomie und Statistik, Stuttgart 1921, S. 243

ße Nummer 14 hat die Zentral-Einkaufsstelle Deutsche Schneider Rohstoff-Genossenschaft, die für den Nachschub an Material sorgt, ihren Sitz. Die Konfektion beherrscht den südlichen Friedrichswerder. Darüber hinaus bietet die kleinteilige Siedlungsstruktur jedoch hinreichend Platz für ein unübersehbar buntes Bild gewerblich Tätiger aus anderen Branchen – von der verwandten textilen Industrie bis hin zum Kolonialwarenhandel mit seinen mächtigen Gewölbebogenfenstern. Der Berlinkenner Theodor Fontane findet für seinen Roman „Frau Jenny Treibel" in der Stadt schnell die passende Gegend für jenes soziale Milieu, aus dem die Titelgestalt stammt. Nach langer Zeit wieder einmal vor Ort gedenkt die Kommerzienrätin eigentümlich berührt jener

„ ... weit zurückliegenden Tage, wo sie selbst hier, in ebendieser Adlerstraße, gewohnt und in dem gerade gegenüber gelegenen Materialwarenladen ihres Vaters mit im Geschäft geholfen und auf einem über zwei Kaffeesäcke gelegten Brett kleine und große Düten geklebt hatte, was ihr jedesmal mit ‚zwei Pfennig fürs Hundert' gutgetan worden war. ... Ach, waren das Zeiten gewesen! Mittags, Schlag zwölf, wenn man zu Tisch ging, saß sie zwischen den Kommis Herrn Mielke und dem Lehrling Louis, die beide, so verschieden sie sonst waren, dieselbe hochstehende Kammtolle und dieselben erfrorenen Hände hatten."[5]

Von den Fabrikanten des Friedrichswerder ist der Seidenwarenhersteller Julius Eduard Heese (1819-1897) einer der Größeren unter den zumeist Kleinen. Er übernimmt mit seinem Bruder Gustav Adolf die vom Vater 1827 gegründete Fabrik, die nunmehr unter dem Namen „Seidenfabrik und Seidenhaspel-Anstalt Gustav A. und J. E. Heese", Alte Leipziger Straße 1 / Raules Hof 1, 2, 2a firmiert. Seine zu Kleidern verarbeiteten Seidenprodukte verkauft Heese in den ihm ebenfalls gehörenden Häusern Werderstraße 10-11,12 / Unterwasserstraße 1. „Bei Heese die Braut- und Hochzeitskleider zu kaufen, das gehörte so zum guten Gesellschaftsbrauche."[6] Zu Heeses Grundbesitz gehört überdies in Steglitz eine Maulbeerplantage. Das Grabmal des Kommerzienrats und Hoflieferanten befindet sich auf dem Friedrichswerderschen Friedhof II, Bergmannstraße, Berlin-Kreuzberg (s. Bild).

Ebenfalls in der Alten Leipziger Straße, Nr. 18/19, unterhält Wilhelm Heinrich Rönnebeck (1816-1886) eine Handlung für Kolonialwaren- und Butter.

---

[5] Theodor Fontane, Frau Jenny Treibel. In: Fontanes Werke in fünf Bänden, Dritter Band, Berlin und Weimar 1986, S. 174
[6] Isodor Kastan, Berlin wie es war, Berlin 1919, S. 61

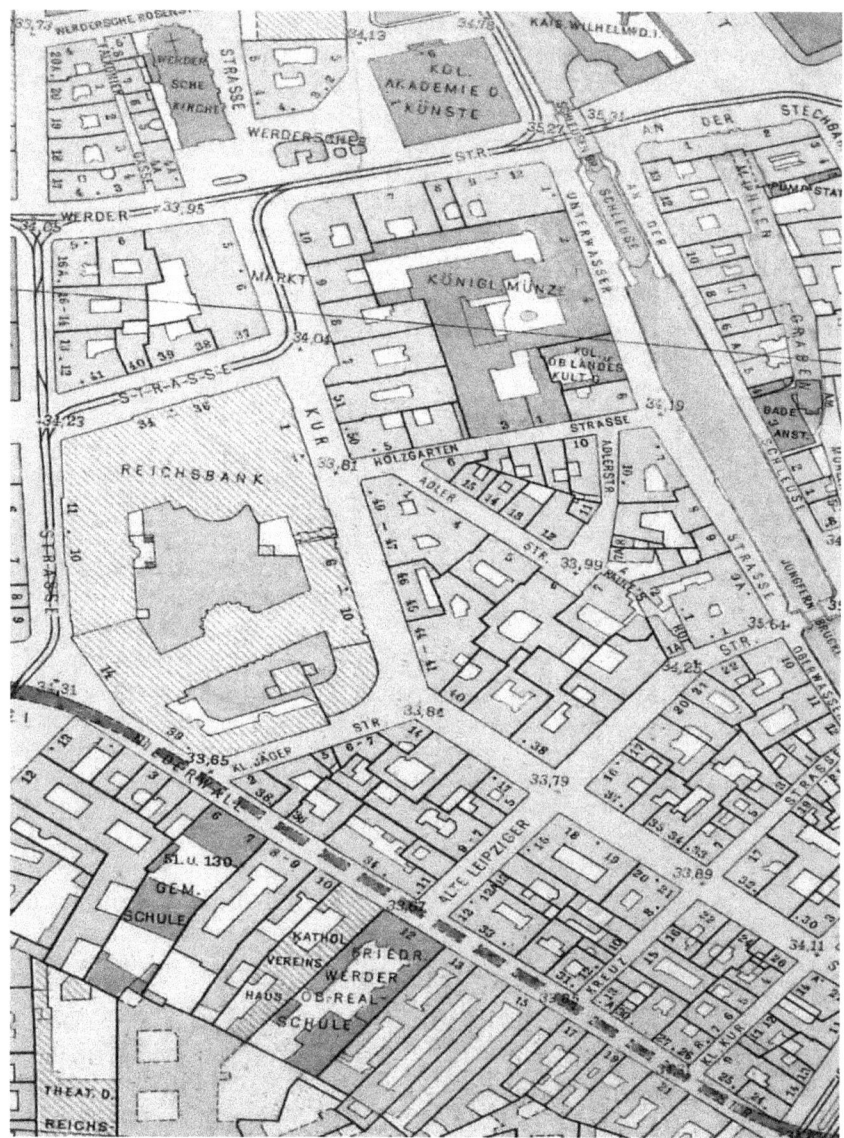

Südlicher Friedrichswerder. Straube-Plan 1910

Um das Jahr 1880 kauft er außerdem das Nachbarhaus Nr. 20. Seine Wohnung liegt seit den sechziger Jahren im Haus Alte Leipziger 1 / Kurstraße 37, das später ebenfalls in das Eigentum Rönnebecks gelangt.

Am Werderschen Markt 4 befindet sich ein frühzeitig gegründetes Unternehmen, die „Niederlassung der Königlichen Porzellan- und Gesundheitsgeschirr-Manufaktur sowie der Gleiwitzer Emaille- Kochgeschirre". Inhaber ist der dort auch wohnende Heinrich Friedrich Hengstmann (1792-1847). Nach dem Tod des Hoflieferanten geht das Grundstück in das Eigentum der Witwe über.

Karl Louis Ferdinand Wustrau (1849-1922) ist der Inhaber der Lederhandlung „R. C. Voit & Co.", die ihren ersten Sitz in der Kurstraße 32 hat. Zwischen 1914 und 1920 ist der Unternehmer zugleich Berliner Stadtverordneter. Die Firma geht auf eine Gründung des Kaufmanns Voit um 1870 zurück.

Im Nachbarhaus Kurstraße 31 hat die bekannte Porzellanwarenfabrik Villeroy & Boch ihren Sitz. Zum Unternehmen gehört auch das Haus Kreuzstraße 18. Das Porzellanlager befindet sich in der Kurstraße 43-44.

August Böttcher (1825-1900), Unterwasserstr. 9 a ist Inhaber einer Naturalienhandlung. Zugleich Wissenschaftler, gilt er als Begründer der physikalischen Soireen.

Inmitten reger mittelständischer Betriebsamkeit leben neben zahlreichen namenlosen Mietern einige wenige Persönlichkeiten aus Politik, Wissenschaft und Religion.

In der Adlerstraße 7 wohnt bis zu seinem Tode am 3. Januar 1746 der Franzose Jacques Égide Duhan de Jandun. Er ist einer der wenigen Auserwählten, dem die ganze Zuneigung Friedrichs des Großen gilt. Das ausgeprägte Interesse des

Königs an allem Französischen geht auf den Einfluss Duhans zurück, der den jungen Prinzen erzogen hat. Sofort nach seiner Thronbesteigung holt Friedrich in einem herzlichen Brief den vereinsamten Duhan, inzwischen braunschweigischer Bibliothekar in Blankenburg, nach Berlin zurück. Er ernennt ihn zum preußischen Geheimrat im Amt für Auswärtiges mit der völlig unpreußischen Erlaubnis, sich den Dienstpflichten nach Belieben entziehen zu dürfen und sorgt dafür, dass Duhan 1744 Ehrenmitglied der Berliner Akademie der Wissenschaften wird. Immer wieder findet der Monarch Gelegenheit, seinen alten Freund in der Adlerstraße zu besuchen. Die letzte Aufwartung gilt am 28. Dezember 1745 dem Todkranken, wofür Friedrich seinen Umzug in der aus Anlass des Dresdner Friedens feierlich erleuchteten Stadt unterbricht.

Johann Carl Stahn (1808-1891) wird am 2. Januar 1853 in das Amt des zweiten Predigers der Friedrichswerderschen Kirche eingeführt und verbleibt dort, bis er am 1. Juni 1886 in den Ruhestand tritt. Er hatte in Berlin und München Theologie studiert und anschließend die Stationen Kandidat am Berliner Domkandidatenstift, Prediger in Landsberg an der Warthe und an der Königlichen Kadetten-Anstalt, Berlin durchlaufen. Stahn ist außerdem Konsistorialrat am Konsistorium der Provinz Brandenburg der Evangelischen Landeskirche in Preußen. Seine Ehefrau ist Antonie von Knobelsdorff, eine Nachfahrin des Architekten Georg Wenzeslaus von Knobelsdoff. Johann Carl Stahn ist auf dem Friedrichswerderschen Friedhof II, Bergmannstraße in Berlin-Kreuzberg begraben wie auch Philipp Max Steinbach (1842-1925), bis 1916 Pfarrer an der Friedrichswerderschen Kirche. Auf dem gleichen Friedhof liegt auch Georg Böhl (1800-1869), ab 1825 Privatdozent an der Berliner Universität und seit 1829 Prediger zu Wahnsdorf, Krs. Nauen.

Auf einer Bronzetafel zwischen dem dritten und vierten Fenster rechts vom Eingang des Hauses Unterwasserstraße 7 ist zu lesen: „Hier wohnte der Vater des deutschen Turnwesens Friedrich Ludwig Jahn im Jahre 1811, in dem er den ersten Turnplatz in der Hasenheide schuf. Seinem Andenken die Stadt Berlin 1911." Eine weitere Tafel, die 1928 angebracht wird, erinnert an den Pädagogen Karl Friedrich Friesen (1784- 1814). Beide Tafeln verschwinden im Jahre 1934 mit dem Abriss des Gebäudes. [7]

Jahn (1778-1852) gilt in Deutschland als Vater der Turnbewegung, die mit dem auf der Tafel erwähnten Turnplatz in der Berliner Hasenheide ihren Anfang nimmt. Die körperliche Ertüchtigung der jungen Männer betrachtet Jahn als Bestandteil der Nationalbewegung, als Beitrag zum bevorstehenden Kampf gegen die napoleonische Fremdherrschaft.

Schon während seiner Studentenzeit wird Jahn wegen seiner patriotischen Gesinnung verfolgt. Nach dem Einmarsch Napoleons in Deutschland veröffentlicht

---

[7] vgl. Hermann Zech, Gedenktafeln in der alten Mitte Berlins, Berlin 2001, S. 209-210

er die Schrift „Deutsches Volksthum", in der er die im Land verbreitete Vergötterung alles Französischen als ein Element der Lähmung des Widerstands gegen die Eindringlinge versteht. Während der Kämpfe um die Befreiung führt Jahn zeitweise ein Freikorpsbataillon.

Im Zuge der restaurativen Karlsbader Beschlüssen von 1819 verbietet Preußen neben den studentischen Burschenschaften auch die organisierte Turnbewegung. Jahn wird bei der Regierung mit seinen Vorträgen zum deutschen Volkstum, die sich gegen die Kleinstaaterei richten, zur missliebigen Person und muss die nächsten fünf Jahre in Haft verbringen. Amnestierung und Rehabilitierung erfolgen erst unter Friedrich Wilhelm IV. im Jahre 1840. Turnen ist in Preußen nunmehr sogar Schulfach.

Der Magdeburger Karl Friedrich Friesen wirkt zusammen mit Arndt an der Plamannschen Erziehungsanstalt in Berlin. Angeregt durch Johann Gottlieb Fichtes „Reden an die deutsche Nation" beteiligt er sich durch die Gründung einer Fechtbodengesellschaft, die zeitweilige Leitung des Berliner Turnkünstlervereins und die Gründung einer der ersten Schwimmanstalten nahe der Berliner Unterbaumbrücke an der Vorbereitung auf den bewaffneten Kampf gegen die französischen Besatzer.

Friesen ist Mitbegründer der deutschen Burschenschaftsbewegung. Im Jahre 1813 kämpft er in den Befreiungskriegen als Adjutant von Adolf Freiherr von Lützow, dem Begründer der bekannten Freischar. Ein Jahr später fällt er. Sein Grab befindet sich auf dem Invalidenfriedhof in Berlin.

Das Friedrichswerdersche Gymnasium

Einundzwanzig Jahre nach ihrer Gründung erhält die Stadt Friedrichswerder ihre eigene Schule; zum Rektor wird Gabriel Zolkower ernannt. Ab 1701 wird der Einrichtung die Bezeichnung Gymnasium beigelegt, nach dem Berlinischen, dem Cöllnischen und dem Joachimsthalschen Gymnasium die vierte Anstalt dieser Art. Seine ersten Jahre sind für längere Zeit die einzigen, in denen das Gymnasium, jedenfalls was die wachsenden Anzahl der Schüler betrifft, von sich reden macht. Erst vom letzten Viertel des 19. Jahrhunderts an kommt es zu deutlichen Veränderungen in Bedeutung und Ausstrahlung des Gymnasiums – nicht zuletzt in Abhängigkeit von der Persönlichkeit des jeweiligen Rektors.

Rektor Friedrich Gedicke ist Mitglied der Akademie der Wissenschaften und des neuerrichteten Oberschulkollegiums und übt einen Einfluss auf das Erziehungswesen aus, der weit über sein Gymnasium hinauswirkt. Er ist es, der in Berlin das Abiturientenexamen einführt. Zugleich gilt er als Retter und de facto zweiter Gründer des zerrütteten Friedrichswerderschen Gymnasiums, das er 1779 übernimmt.

Nach dem Rathausbrand 1794 und sechs Jahren provisorischer Unterbringung findet die Schule ab September 1800 an der Jungfernbrücke, in der Beletage des

Horchschen Hauses, Oberwasserstraße 10 Ecke Alte Leipziger Straße, eine feste Unterkunft.

„Dem Stil nach war es eine jener Bauten, die den Charakter aller Kasernen-, Lazarett-, Militärmagazins-, Garnisonkirchen-, Schulbauten der friderizianischen Zeit trugen." [8]

Für das Gymnasium wie für die Stadt insgesamt beginnen kurz danach konfuse Zeiten. Die finanzielle Ausplünderung Berlins durch die französischen Besatzer zwingt den Rektor Bernhardi und die Lehrer im Mai 1808 zu einer Eingabe an den König, in der sie darüber klagen, dass sie sich wegen des Ausbleibens der Gehaltszahlungen schweren Nahrungssorgen ausgesetzt sehen. In den Befreiungskriegen 1813 ergreifen 50 Schüler und vier Lehrer, zwei Jahre später 38 Gymnasiasten und ein Lehrer die Waffen.

Das Rektorat unter August Ferdinand Bernhardi, Freund und Schwager des kurz vorher aus dem Gymnasium ausgeschiedenen späteren Romantikers Ludwig Tieck, ist ein eigenes Kapitel. Romantische Einflüsse lässt das Reorganisationswerk Bernhardis am Gymnasium, das mit einer umfassenden Schulordnung voller Rationalismen beginnt, kaum erkennen. Karl Wilhelm Eduard Bonell, unter Bernhardi Gymnasiast und später selbst Rektor vor Ort, gibt folgendes Bild:

„‚Diese Schulordnung wurde mit eiserner Strenge gehandhabt. Bernhardi war während der Schulzeit überall, pfeilschnell glitt er die Treppen hinauf und hinab, war in jeder Klasse zu gelegener und auch zu ungelegener Zeit, und da er meist seidene Strümpfe und Schuhe trug, so konnte sein warnender Schritt nicht einmal zuvor vernommen werden. Die ungezogenste Klasse verlegt er gewöhnlich direkt über sein Arbeitszimmer und erschien bei einem bedenklichen Geräusch, wie er gerade war, in Morgenschuhen, Hausrock und ohne Halstuch ... Das Hauptmittel der Disziplin war der Stock, den Bernhardi stets bei sich trug, gewöhnlich im linken Rockärmel ... In jeder Klasse musste der Primus täglich ein Verzeichnis von allen Versäumnissen und tadelnden Bemerkungen im Tagebuche einem emeritierten Lehrer ... überbringen, sich selbst am Tage darauf um 7 Uhr morgens, eine Stunde vor Beginn der Lektionen im Konferenzzimmer einfinden, wo Bernhardi pünktlich mit dem Rohrstock erschien. ... Bernhardis Prügelsystem wurde von den anderen Lehrern bereitwilligst akzeptiert, trotzdem ließ die Disziplin mitunter noch viel zu wünschen übrig.'" [9]

Dennoch bewahrt Bonell seinem einstigen Direktor Dankbarkeit wegen dessen reichem Wissen und edlem Wollen, auch wenn dies weniger der Wärme als der Kälte des Herzens entsprang.

Späterhin berühmt gewordene Lehrer um 1820, dem Zeitpunkt des Weggangs Bernhardis, sind der Verfasser einer verbreiteten lateinischen Schulgrammatik Karl Gottlob Zumpt, der Historiker Johann Gustav Droysen und der Entdecker

---

[8] Karl Gutzkow, Unter dem schwarzen Bären, Berlin 1971, S. 180
[9] Zit. n.: Ernst Pilch, Zweihundertfünfzig Jahre Friedrichs-Werdersches Gymnasium zu Berlin 1681-1931, Berlin 1931, S. 1

des Planeten Neptun Johann Gottfried Galle. Der Schriftsteller Karl Gutzkow sowie der Satiriker Adolf Glasbrenner gehören damals zu den Schülern.

Die sogenannte Demagogenverfolgung nach den Karlsbader Beschlüssen macht auch vor dem Werdergymnasium nicht Halt. Alexander Meyer, später Journalist und Reichstagsabgeordneter, muss im März 1848 wegen „aufständischer Reden" in einem Biergarten der „Zelten" die Schule verlassen. Es gelingt ihm, als „Wilder" am Cöllnischen Gymnasium sein Abschlussexamen zu absolvieren.

Die Übersiedlung ins Fürstenhaus 1825 nimmt viel von der räumlichen Enge, unter der der Unterricht in der Oberwasserstraße leidet. Der Eingang zur Schule liegt in dem Winkel, den die hinteren Anbauten des Fürstenhauses und der Münze bilden. Der dortige Torweg führt auf den Schulhof, rechts die Hinterfront

des Fürstenhauses, in dem sich die Aula und die Direktorwohnung befinden, gegenüber ein dreistöckiger Bau mit Klassenräumen, der auch die Wohnung des Schuldieners, in den siebziger Jahren der ehemalige Feldwebel Stang, enthält. Einen Klassenraum stellt die Münze zur Verfügung.

Neben dem Schulgeld müssen die Gymnasiasten für die Feuerung einen Taler Holzgeld entrichten. Das Gymnasium vermittelt baulich einen verwahrlosten Eindruck, auch stören die üblen Düfte, die dem Abwassergraben der Münze entströmen.

Bonell (s. Bild), eine kleine, etwas verwachsene Persönlichkeit, ist ab 1838 Rektor des Gymnasiums und in Vielem das Gegenteil Bernhardis. Liebvolles Verständnis für die Jugendlichen ist nun die Maxime. Der Stock verschwindet, der Karzer muss der Erweiterung der Wohnung des Schuldieners weichen. Unter Bonells kluger und warmherziger Leitung erlangt das Friedrichswerdersche Gymnasium in der Berliner Öffentlichkeit viel Achtung. Bismarck vertraut dem Haus die Erziehung seiner Söhne an. Max Liebermann gehört zu den später berühmt gewordenen Schülern.

Im Jahre 1875 bezieht das Gymnasium einen von der Stadt errichteten Prachtbau in der Dorotheenstraße. Zu diesem Zeitpunkt lernen hier 358 evangelische, 25 katholische, 217 jüdische und ein „dissidentisch oder andersgläubiger" Schüler. Fast die Hälfte, 49 Prozent, kommen aus einer Kaufmanns- oder Apothekerfamilie, die Väter jedes zehnten Schülers sind Beamte, acht Prozent der Gymnasiasten entstammen einem Rechtsanwalts- oder Arzthaushalt.

Die Zerstörung der kleinteiligen Stadtstruktur

Mit den sechziger Jahren des 19. Jahrhunderts und besonders nach der Reichsgründung 1871 wandelt sich Berlin mit Riesenschritten zur Weltstadt. Am Werderschen Markt und südlich davon drängen Großbauten, die ganze Straßenkarrees beanspruchen, in die kleinteiligen Siedlungsstrukturen.

Hinter dieser Veränderung im äußeren Bild wandelt sich auch die sinnliche Wahrnehmung des Werder. Was war das früher ein Duft, der von den zwischen Schleusen- und Gertraudenbrücke vor Anker liegenden Potsdamer und Lausitzer Apfelkähnen ausging! Karl Gutzkow ist sich sicher,

„… an diesen Ufern der Spree, an jenen holländischen Grachten, die sich, ab und zu mit Bäumen besetzt, durch die innere Stadt ziehen, hätte er …", (gemeint ist Friedrich Schiller, wäre denn sein Berufungsprojekt nach Berlin zustande gekommen – H. Z.) „… des daselbst ständig verbreiteten – Apfelgeruchs wegen, Gefallen gefunden zu wohnen."

Für den Weimarer Klassiker soll der Duft überreifer Äpfel Arbeitselixier gewesen sein.

Keine hundert Jahre nach dem gescheiterten Umzugsversuch Schillers ist die Geruchsromantik des Werder nicht mehr jedermanns Sache. Familie Zander aus Erdmann Gräsers „Lemkes sel. Witwe" hat vor einigen Jahren eines der neuen Häuser am Spreenebenkanal bezogen. Er liebt das Wasser und den dortigen Geruch. Ganz anders Frau Zander:

„Mir is nischt so zuwider wie dieser Teer- und Fischjestank, selbst dein juter schwarzer Rock riecht noch, und det is ooch nich rauszukriegen. Ick hab schon janze Pullen Odekolonje druffjejossen – er stinkt imma wieda durch!"[10]

Das Verschwinden einer weiteren Art von Gestank wird hingegen durchweg begrüßt. Im Jahre 1874 gibt der Polizeipräsident Berlins den Erlass heraus, wonach alle Berliner Haushalte an die Kanalisation anzuschließen sind. Es entsteht das Radialsystem mit der Entsorgung der Abwässer auf Rieselfeldern. Berlin mutiert dank Virchow und Hobrecht vom berüchtigten Typhusnest zur hygienischen Stadt. Vorbei ist es mit den offenen Rinnsteinen der Straßen, die nicht nur flüssige Exkremente enthielten, mit den jährlich mehrfach zu leerenden Senkgruben durch Bauern mit ihren nicht immer dichten Transportmitteln, mit den nächtlich verkehrenden geschlossenen Wagen, die von dafür angestellten Frauen mit den vollen Eimern aus den Wohnungsklosetts ohne Abfluss beladen wurden. Der Volkswitz hatte diese Wagen übrigens „Treu und Nuglisch", später nur noch

---

[10] Erdmann Gräser, Lemkes sel. Witwe, Zweiter Teil, Berlin o. J. S. 263

„Nuglisch" nach dem großen Berliner Parfümeriegeschäft an der Ecke der Oberwall- zur Jägerstraße getauft.

Vor dem Haus Adlerstraße 13, Detail

Auch die sozialen Auseinandersetzungen haben eine andere Gestalt angenommen. Eine Straßenecke von Treu und Nuglisch entfernt, am Übergang der Französischen in die Werderstraße, hatte während der Märzrevolution 1848 eine Barrikade gestanden, die als erste von den Truppen genommen wurde. Gewaltlos kämpft die seither einflussreich gewordene Sozialdemokratische Partei Deutschlands erfolgreich um soziale Verbesserungen für die Arbeitenden. Die Partei und die Gewerkschaften haben es aber schwer, die vielen isoliert tätigen Heimarbeiterinnen des Werder zu organisieren.

Verschwunden ist eine 1722 von dem Franzosen Palmier in der Kurstraße, nahe dem Fürstenhaus angelegte Einrichtung mit dem irritierenden Namen „Adresshaus". Hier wurde auf Pfänder geliehen, und die Gewinne flossen in das französische Waisenhaus, später ins französische Gymnasium. Nach 1830 wird das Adresshaus zum Königlichen Leihamt, denn die Armut wird im südlichen Friedrichswerder auch während der folgenden Jahrzehnte nicht verschwinden. Sicher gibt es nach 1871 und erst recht nach 1934 (dem Datum der Fertigstellung der neuen Reichsbank) nicht mehr im gleichen Umfang den „ ...Werder, in dessen obern Stockwerken meist die stillen Gichtianer wohnen ... ", wie es 1824

Georg Friedrich Rebmann beschrieben hatte. [11] Dies aber auch deswegen, weil die Häuser verschwinden und mit ihnen die Armen und Kranken – zugunsten großflächiger, mindestens aber höherer Neubauten mit mehr Komfort.

Blick von der Adlerstraße in die Gasse Raules Hof. Im Hintergrund der Schornstein des Technischen Gebäudes der neuen Reichsbank

Zu den ersten Großbauten des Friedrichswerder, nunmehr zentraler Ort der Reichshauptstadt, gehört die neue Münze. Die alte Königliche Münze von Friedrich Genz, erbaut in den letzten Jahren des 18. Jahrhunderts, genügt mit ihren teilweise veralteten Prägewerken nicht mehr den Ansprüchen der werdenden Großmacht Deutschland. Für den Bau eines ganzen Komplexes von Gebäuden erwirbt die Münzdirektion im Jahre 1860 die Grundstücke Unterwasserstraße 2-4 und Holzgartenstraße 1-3.

Architekt des neuen Münzgebäudes ist Baurat Bürde; August Stüler überarbeitet den Entwurf. Die repräsentative dreistöckige, von vier Dachfiguren gekrönte Front des Hauptgebäudes am Spreekanal verfügt über 17 Fensterachsen. Das alte Friesband wird im Jahre 1869 behutsam abgenommen und – um sechzehn Meter mit zusätzlichen Motiven verlängert – beiderseits des Mittelrisalits einge-

---

[11] Georg Friedrich Rebmann, Das traurige Berlin. Zit. n.: Jürgen Engler (Hsg.), Berlin literarisch, Berlin 2012, S. 193

fügt. Zwei Jahre später kann dem Finanzministerium die Fertigstellung der Münze gemeldet werden. Um 1920 siedelt sich überdies in der unmittelbaren Nachbarschaft, Holzgartenstraße 4 und Kurstraße 50 eine Zweigniederlassung der Deutschen Gold- und Silber-Scheideanstalt vorm. Rößler an.

Neue Münze. Stich von W. Neumann 1884

Die Stunde des Münzgebäudes schlägt im Jahre 1886. Es muss zusammen mit dem Fürstenhaus einem Neubau der Actien-Bau-Gesellschaft Werderscher Markt weichen. Das Werderhaus, so der Name des 1888 fertiggestellten Gebäudes, ist der erste private Auftrag für den Architekten Alfred Messel. Dieser hatte zusammen mit seinem Darmstädter Jugendfreund, dem künftigen Berliner Stadtbaurat Ludwig Hoffmann, ab 1874 an der Schinkelschen Bauakademie studiert. Späterhin wird er berühmt durch das Kaufhaus Wertheim am Leipziger Platz, das von ihm im Grundriss entworfene und von Hoffmann fertiggeplante Pergamonmuseum sowie durch zahlreiche Landhäuser, Villen und Siedlungen.

Messel sucht zu beweisen, dass „… es keinen Widerspruch zwischen Konstruktion und schöner Form gibt", wie es die „Berliner Architekturwelt" in ihrer Ausgabe 9/1911 formuliert. Nach außen wirkt das Werderhaus durch seine

Sandsteinfassade und den plastischen Schmuck der Bildhauer N. Geiger und O. Lessing. Die großen Fensteröffnungen sind jedoch nicht an die Aufteilung der Geschosse gebunden; die Nutzung im Innern wird durch ein stählernes Stützsystem angepasst. Das Werderhaus, Werderscher Markt 10 Ecke Werderstraße entsteht in den Jahren 1886 bis 1888.

Für das Fürstenhaus, gegenüber der Einmündung der Jägerstraße liegend, endet mit dem Abriss des Jahres 1886 eine zweihundertjährige, äußerst wechselvolle Geschichte. Nachdem Kurfürst Friedrich III. im Jahre 1697 das Haus Danckelmanns in seinen Besitz gebracht hat, logieren hier im 18. Jahrhundert fürstliche Gäste des Königs, aber auch einige schillernde Figuren. Zu den ersten Prominenten gehört Lord Marlborough, Oberbefehlshaber der englischen Truppen im Spanischen Erbfolgekrieg, der im Jahre 1704 hier residiert.

Ein Jahr später ist es der neapolitanische Hochstabler und „Goldmacher" Domenico Manuel Caetano, den Friedrich I. in Erwartung großen Reichtums hier unterbringt und königlich verpflegen lässt. Nach kleinen trickreich gelungenen Goldexperimenten flieht der Italiener vor dem mißtrauisch gewordenen König mit einem Vorschuss von 50.000 Talern und allen Geschenken nach Frankfurt am Main. Zurückgeführt und nach Küstrin gebracht, erhängt man ihn in einer Kleidung, die aus Goldpapier besteht, an einem mit gleichem Material beklebten Galgen.

Im Jahre 1707 wohnt Gräfin Piper, Gemahlin des schwedischen Premierministers im Fürstenhaus. Gobelins in einem ihrer Zimmer, die u. a. den Sieg des großen Kurfürsten über die Schweden zeigen, müssen auf dringenden Wunsch der Gräfin entfernt werden.

Das Fürstenhaus vor dem Abbruch, F. Albert Schwartz. 1886

Prinz Eugen von Savoyen nimmt im Jahre 1710, als er den Berliner Hof besucht, im Fürstenhaus Quartier. Ein weiterer Gast ist der russische Fürst Alexander Danilowitsch Menschikow, Vertrauter des Zaren Peter I. Auch Fürst Leopold von Anhalt-Dessau pflegt in diesem Haus zu übernachten.

Der Abenteurer, Hofkomödiant und Akrobat Johann von Eckenberg soll ebenfalls im Fürstenhaus, nach anderen Quellen in einem Eckhaus der Zimmerstraße gewohnt haben. Jedenfalls gelingt es dem „starken Mann", der angeblich mit einer Hand ein Pferd samt Reiter hochheben kann, die Gunst von König Friedrich Wilhelm I., der ansonsten nichts von Schauspielerei hält, zu erlangen. Der Scharlatan darf 1731 seine Künste in einer Bretterbude auf dem Neuen Markt zeigen. Zudem erhält er die Erlaubnis, „Assembléen" zu veranstalten. Adlige, nach anderen Aussagen bürgerliche höhere Beamte und Kaufleute, treffen sich in diesem Klub bei Tanz, Kartenspiel und diversen Getränken zum geselligen Beisammensein.

König Friedrich II. lässt das Haus 1741 erweitern. Georg Wenzeslaus von Knobelsdorff schmückt außerdem die Vorderfront mit einer Balustrade und acht Figuren. An Friedrich erinnert das Haus auch in anderer Weise. Die Menschenmenge, die sich vor einem am Haus angebrachten, die königliche Kaffee-Regie karikierenden Plakat versammelt hat, fordert der zu Pferde vorbeikommende Friedrich auf: „Hängt es doch niedriger, dass die Leute sich nicht den Hals ausrecken müssen." [12]

Die Aufenthalte hochgestellter Persönlichkeiten werden in dieser Zeit seltener. Ab 12. Mai 1776 bleibt für fünf Tage der junge Johann Wolfgang Goethe mit seinem Dienstherrn Herzog Carl August in Berlin und bezieht das „Logis der fremmden Prinzen", wie die Dichterin Anna Louisa Karsch mitteilt.

Nach dem Siebenjährigen Krieg wechselt das Haus mehrfach seine Funktion. Im Untergeschoss sitzt nun die Generalkriegskanzlei, auch Ober-Kriegs-Colegium genannt, zuständig für die Montierungsstücke der Armee. Das zweite Geschoss nimmt ab 1766 die Stempel-und Kartenkammer ein, in der dritten Etage wohnen die Pagen, wenn der König in Berlin ist.

Im Jahre 1823 gelangt das Fürstenhaus durch Tausch in das Eigentum der Stadt. Um 1845 wohnt hier Oberbürgermeister Heinrich Wilhelm Krausnick. Zeitweilig finden sich im Frontbereich die „Dittmannsche Material- und Italiener-Waaren-Handlung" und das „Intelligenz- und Adress-Comtoire". Im Hinterhaus ist von 1825 bis 1875 das Friedrichswerdersche Gymnasium, zeitweilig gemeinsam mit einer Gemeindeschule, untergebracht. Das letzte Jahrzehnt seiner Existenz beherbergt das Haus den Hersteller von Damenmänteln "Hahn & Klenke Confections".

So wie das Fürsten- vom Werderhaus verdrängt wird, müssen in diesen Jahren auch weiter südlich vereinzelt ältere, nicht selten aus dem 18. Jahrhundert stammende Häuser neuen, größeren Bauten weichen, die indes in ihren Dimensionen weit hinter dem Werderhaus zurückbleiben. Das Geschäftshaus Kurstraße 51 stattet der Hamburger Architekt Löwengard so mit Höfen und Treppen aus, dass in jedem Stockwerk zwei Firmen tätig werden können. Auch das von den Architekten Alterthum und Zadek entworfene Geschäftshaus Fraenkel, Kurstraße 16, bietet für zwei Mantelfabriken Verkaufs- und Lagerräume.

Alte und neue Reichsbank

Das Werderhaus und weitere Einzelgebäude führen punktuell zur Zerstörung der kleinteiligen Stadtstruktur. Den großen Schlag gegen den südlichen Friedrichswerder führt indes die Reichsbank.

---

[12] Leopold Freiherr von Zedlitz, Neuestes Conversations-Handbuch für Berlin und Potsdam, Berlin 1834, S. 229

Zunächst, bis Ende des 19. Jahrhunderts, sieht es so aus, als ob es „nur" darum ginge, das Karree des alten Jägerhofs mit weiteren Bauten anzureichern.

Im Jahre 1650 hatte der Jägerhofmeister des Großen Kurfürsten auf dem noch kaum bebauten Werder ein Gelände erhalten, das später durch die Jäger-, die Kur-, die Kleine Jäger- und die Niederwallstraße begrenzt wurde. Hier gab es genügend Platz, um neben dem Wohnhaus des Jägerhofmeisters die Unterkünfte der Bediensteten, die Wirtschaftsgebäude, Ställe, Hundezwinger und das Jagdgerät unterzubringen. Das Wohnhaus in der Jägerstraße 34-35, von Johann Arnold Nehring im Jahre 1690 erneuert, war ein ansehnlicher zweistöckiger Bau mit einem halbrund überdachten Mittelrisaliten.

Königliche Giro- und Lehnsbank, vormals Jägerhof

Im Sommer 1765 gründet König Friedrich II. die Königliche Giro- und Lehnbank, die ein Jahr später das Recht erhält, Banknoten zu emittieren. Ihr Sitz ist das ehemalige Haus des Jägerhofmeisters. Ab 1847 wird das zwischenzeitlich in Königliche Hauptbank umbenannte Geldinstitut in die Preußische Bank, die Zentralnotenbank des Staates Preußen, überführt.

Am selben Ort errichtet der Architekt Friedrich Hitzig, Geheimer Regierungs- und Baurat, zwischen 1869 und 1876 einen Neubau, den Sitz der Reichsbank. Hitzig zählt zu den bedeutendsten Schülern Schinkels. Neben der Börse in der

Burgstraße entwirft er auch zahlreiche Stadtvillen für Private. Sein eigenes Palais steht im – heute nicht mehr auffindbaren - Alsenviertel.[13]

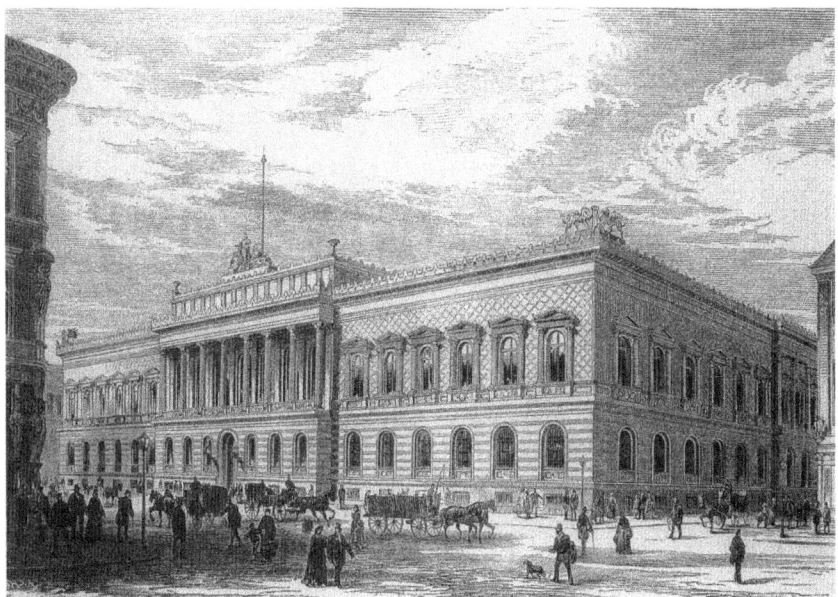

Alte Reichsbank, Jäger- Ecke Oberwallstraße

Hitzig und andere Architekten holen in diesen Jahren einen längst vergangenen Baustil in veränderten Formen nach Berlin zurück, die Renaissance. Diese prägt bei der Reichsbank das gesamte Bild der aus Seeberger gelblichem Sandstein bestehenden Fassade des prächtigen Gebäudes, wobei sich die antiken Detailbildungen der alten Berliner Schule harmonisch in das Bild der Außenfront einpassen. So zieren das Hauptgeschoss des Mittelbaus in der Jägerstraße frei hervortretende korinthische Säulen, die hohe Rundbogenöffnungen einrahmen. Die Krönung bildet der attikenartige Aufsatz mit seinem wuchtigen Gebälk.

---

[13] Vgl. Helmut Zschocke, Geheimnisvolles Alsenviertel am Bundeskanzleramt, Frankfurt am Main 2017, S. 22-24

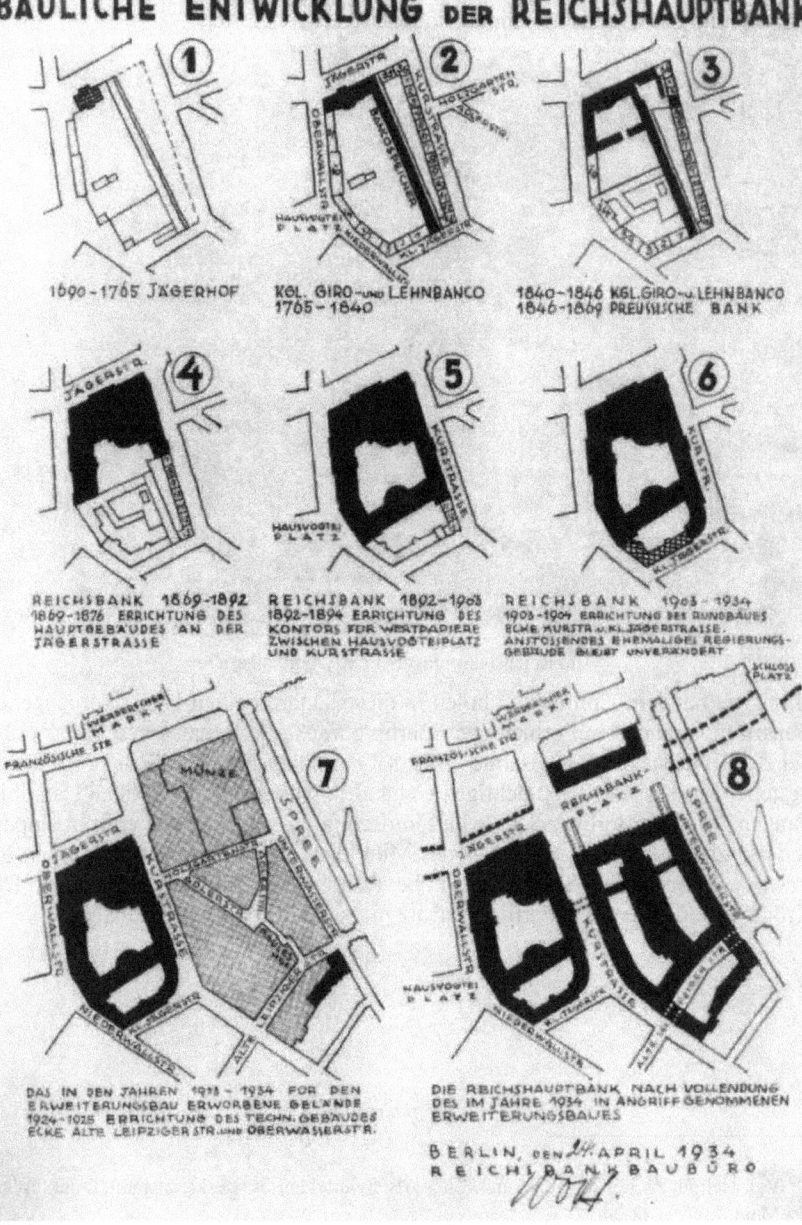

In diesem Mittelbau befinden sich der Sitzungsaal und die Räume für das Hauptbankdirektorium. Je ein Flügel ragt in die Kur- und die Oberwallstraße hinein. Letzterer enthält neben dem Diskonto-Kontor das Archiv und den Sitzungssaal für den Bankenausschuss. Auch die großzügig angelegte Dienstwohnung sowie Repräsentationsräume des Bankpräsidenten zeigen zur Oberwallstraße. Alle dem Bankgeschäft dienenden Räume sind feuer-, die Tresore einbruchssicher gebaut. Eine Warmwasserheizung versorgt die Büro- und Wohnräume, eine Luftheizung die Korridore. Der Bau verursacht Kosten in Höhe von 4.200.000 Mark.

Kontor für Wertpapiere gegenüber dem Hausvogteiplatz, erbaut 1892-1894

Für rund 2.800.000 Mark folgt bereits in den Jahren 1892 bis 1894 ein Erweiterungsbau zur Unterbringung des Kontors für Wertpapiere. Diese Abteilung ist mit Riesenschritten gewachsen, sie umfasst ca. 300 Personen; im Jahre 1876 waren es noch 13 Beamte gewesen. Der Neubau beherbergt überdies ein Kessel- und Maschinenhaus, das für die gesamte Reichsbank die Beheizung und elektrisches Licht liefert.

Der Erweiterungsbau erstreckt sich vom Spittelmarkt bis zur Kurstraße. Zusammen mit dem Hauptgebäude der Reichsbank und dessen Seitenflügeln umschließt er einen großen, mit Bäumen bepflanzten Innenhof.

Rundbau Kleine Jäger- Ecke Kurstraße, erbaut 1903-1904

Ein zweiter, kleinerer und gepflasterter Innenhof entsteht, als sich die Reichsbank die Fläche nördlich der Kleinen Jägerstraße nutzbar macht. Deren Ecke zur Kurstraße wird in den Jahren 1903 und 1904 mit einem Rundbau versehen. Die sonstige Umrandung existiert bereits in Form des sogenannten Regierungsgebäudes. Dessen Ursprünge gehen bis auf die Jahre zwischen 1770 und 1780 zurück, als es als Dienst- und Amtsgebäude des Jägerhofs entsteht. Im Jahre 1857 wird das Haus von Hermann Waesemann, dem Architekten des Roten Rathauses, um ein zweites Obergeschoss aufgestockt. Behörden der Provinz Brandenburg haben hier ihren Sitz. Im Jahre 1891 übernimmt die Reichsbank das Gebäude. Jenen Teil, der sich entlang der Kleinen Jägerstraße erstreckt, vernichten die Bomben des Krieges. Geblieben ist die Partie an der Niederwallstraße (Nr. 39), heute Botschaft des Königreichs Marokko. Es handelt sich um das einzige noch vorhandene Gebäude südlich des Werderschen Markts und östlich von Nieder- bzw. Oberwallstraße, das bereits vor 1934 existierte.

Um die Wende zum 20. Jahrhundert belegt die Reichsbank somit das gesamte Areal zwischen Jägerstraße, Oberwall- und Niederwallstraße, Kleiner Jägerstraße sowie Kurstraße. Das Gebiet umfasst 16.000 Quadratmeter (vgl. Luftbild aus dem Jahre 1933). Zahlreiche bebaute Parzellen an der Westseite der Kurstraße sind dem Reichbankbau zum Opfer gefallen. An der Oberwallstraße hat es u. a. das Gebäude des ehemaligen Königlichen Kreisgerichts getroffen.

Mit der Belegung des gesamten ehemaligen Jägerhofgeländes verfügt die Reichsbank über Kapazitäten, die den Bedarf für lange Zeit decken – sollte man meinen. Doch bereits vor dem Ersten Weltkrieg tauchen Überlegungen zu einer großmaßstäblichen Erweiterung auf. Jenseits der Kurstraße soll ein völlig neuer

Riesenkomplex entstehen. Ein Erweiterungsbau, der dann in der Realität alsbald zum Hauptbau, zur neuen Reichsbank mutieren sollte. Vor dem Hintergrund dieses radikalen Großvorhabens erweisen sich bereits verwirklichte kleine Expansionsschritte gen Osten, wie die Einverleibung des Hausblocks Kurstraße 47-49, der mit einer Fußgängerbrücke auch baulich an die Reichsbank angebunden wurde (s. Luftbild), als Provisorium. (Der Personenübergang entsteht später an gleicher Stelle neu als Verbindung zwischen alter und neuer Reichsbank).

Der Komplex der alten Reichsbank. 1933

Zwecks „Baufreimachung" beginnt die Reichsbank sofort nach Ende des Ersten Weltkriegs und der folgenden Revolutionswirren, Grundstücke aufzukaufen. Schon bis zum Jahre 1920 bringt sie den gesamten in Frage kommenden Abschnitt der Kurstraße – die Häuser Nr. 36 bis 51 - in ihr Eigentum. Während sich die dort wohnenden Familien und die gewerblichen Mieter in den nächsten Jahren nach einer neuen Bleibe umsehen müssen, machen die bisherigen Besitzer ein gutes Geschäft. Gut getroffen hat es etwa ein Kaufmann Salomon aus der Potsdamer Straße 123b, der in den achtziger Jahren von der Berlinischen Bank die Grundstücke Kurstraße 39 bis 49 (außer Nr. 45/46) erworben hatte.

Grundsteinlegung für den Erweiterungsbau am 5. Mai 1934. Im Hintergrund das Technische Gebäude mit Schornstein an der Jungfernbrücke

Im Jahre 1930 gehören der Reichsbank alle Grundstücke südlich der – nach einem alten kurfürstlichen Holzplatz benannten – Holzgartenstraße. Lediglich das Grundstück Unterwasserstraße 7 ist noch privat. Im Süden endet das für den Kahlschlag vorgesehene Terrain mit dem östlich der Kurstraße liegenden Abschnitt der Kleinen Leipziger Straße. Auch deren Südseite fällt unter das Abrissurteil. Hier finden sogar die ersten Bauarbeiten statt. Die Eckgebäude zur Oberwasserstraße, schräg links gegenüber der Jungfernbrücke, müssen schon in den Jahren 1924 und 1925 dem später in den Neubau integrierten Technischen Gebäude weichen. Seine Maschinen sollen die Reichsbank mit Wärme, Licht und Kraft versorgen. Vorgesehen sind hier außerdem Raumkapazitäten für die Banknoten-Vernichtungsanstalt sowie für die Handwerksbetriebe.

Nördlich der Holzgartenstraße, zwischen ihr und dem Werderschen Markt, befinden sich die Münze und das ebenfalls dem Fiskus gehörende Weydingerhaus sowie das Verwaltungsgebäude der Deutschen Gold- und Silberscheideanstalt vorm. Roeßler & Co – alle, wie auch die von der Reichsbank übernommenen Grundstücke Werderscher Markt 7-9 für den künftigen Abriss verfügbar. Da der Bau der neuen Münze am Molkenmarkt noch nicht beendet ist, soll die hiesige Münze vorerst stehenbleiben. Abgerissen wird neben dem Weydingerhaus nur die Bebauung unmittelbar an der Nordseite der Holzgartenstraße. Der nachfolgende Verlauf der Geschichte bringt es indes mit sich, dass die Münze mit ihren Dachfiguren dann sogar noch nach Ende des Zweiten Weltkriegs als Ruine in Augenschein genommen werden kann. Zum Erweiterungsbau der neuen Reichbankzentrale im Karree Holzgartenstraße - Werderscher Markt – Unterwasserstraße kommt es genau so wenig wie zu den Säulenhallen, die den Reichsbankplatz vor dem Hauptportal der Bank rahmen sollten. Ganz zu schweigen von dem Plan, die Jägerstraße über den Spreenebenarm bis zum Schlossplatz weiterzuführen.

Kassenhalle 1. 1940

Für die neue Reichsbank wird im Februar 1933, unmittelbar nach der Machtergreifung der Nationalsozialisten, unter dreißig Architekten ein Wettbewerb ausgeschrieben. An ihm sind auch solche später verfemten Architekten wie Walter Gropius, Ludwig Mies von der Rohe, der einen Stahlskelettbau mit vorgehängten Glaswänden vorschlägt und Hans Poelzig, dem ein leicht wirkender, kreisrunder Bau mit ca. einem Dutzend Stockwerken vorschwebt, beteiligt. Keiner der Entwürfe entspricht den banktechnischen Anforderungen. Hitler drängt jedoch angesichts der bedrohlich hohen Erwerbslosigkeit in Berlin auf baldigen Beginn der propagandistisch großangelegten Arbeitsbeschaffungsmaßnahme; die SA-Brigade 32 hat sogar durchgesetzt, dass die Abbruchunternehmen nur beim Arbeitsamt Mitte Lohnempfänger anfordern dürfen.

Fußgängerbrücke über der Kurstraße zwischen Alt- und Neubau

Hitler entscheidet sich für den bereits ein Jahr zuvor gefertigten Entwurf des Reichsbank-Hausarchitekten Heinrich Wolff. Dessen Konzeption beruht auf innerer bankgemäßer Funktionalität bei konservativen Formen. Den Kern soll ein Stahlskelett bilden, das von einer klassizistischen, den soliden Charakter einer Bank betonenden, nicht untergliederten Fassade aus Granit und Sandstein verdeckt wird. An der Hauptfassade betonen Pfeiler vor zurückgesetzter Wand den neoklassizistischen Gesamteindruck.

Im Oktober 1933 beginnt man, die Häuser auf dem künftigen Reichsbankgrundstück abzureißen. Der Spitzhacke fällt vielerorts historisch wertvolle Bausubstanz zum Opfer. Rund 600 Arbeiter beseitigen in zwölf Monaten die Altbauten.

Am 5. Mai 1934 erfolgt die Grundsteinlegung. Ihr wohnen auf einer Holztribüne ca. 6.000 Personen bei. In Anwesenheit von Hitler, Reichspropagandaminister Goebbels, Reichsinnenminister Frick und Göring, damals preußischer Ministerpräsident, hält Reichsbankpräsident Schacht die „Weiherede" mit einem

Rückblick auf die Geschichte der Bank seit König Friedrich I. und dem üblichen Loblied auf den Führer.

Haupteingang mit Adlerrelief von Ludwig Gies. 1940

In fünf Jahren, bis 1938, errichten rund 5.000 Arbeiter ein Gebäude, das bei aller konservativer Außenwirkung im Innern durchaus moderne Züge trägt. So ist im inneren Trakt die größte der drei Kassenhallen des Erdgeschosses, die sich an die Ehrenhalle anschließt, so angelegt, dass das Tageslicht einfallen kann. Die Büros im Obergeschoss können als Großräume gestaltet oder mittels flexibler Trennwände unterteilt werden.

Neben den sechs, nach außen fünf Ober- verfügt die Bank über drei unterirdische Geschosse, in denen die Gold- und Devisenreserven untergebracht sind. Während des Krieges lagern hier auch Exponate des Märkischen Museums.

Bildhauer, die dem Gedankengut des neuen Regimes nahestehen, übernehmen die künstlerische Ausstattung. Sie gestalten die Friese zwischen den Pfeilern der Hauptfassade und belegen das Innere des Hauses mit nationalsozialistischen Hoheitszeichen. Im unvollendeten Zustand, ohne den an der Werderstraße vorgesehenen Bauteil, geht das Gebäude 1940 in Betrieb.

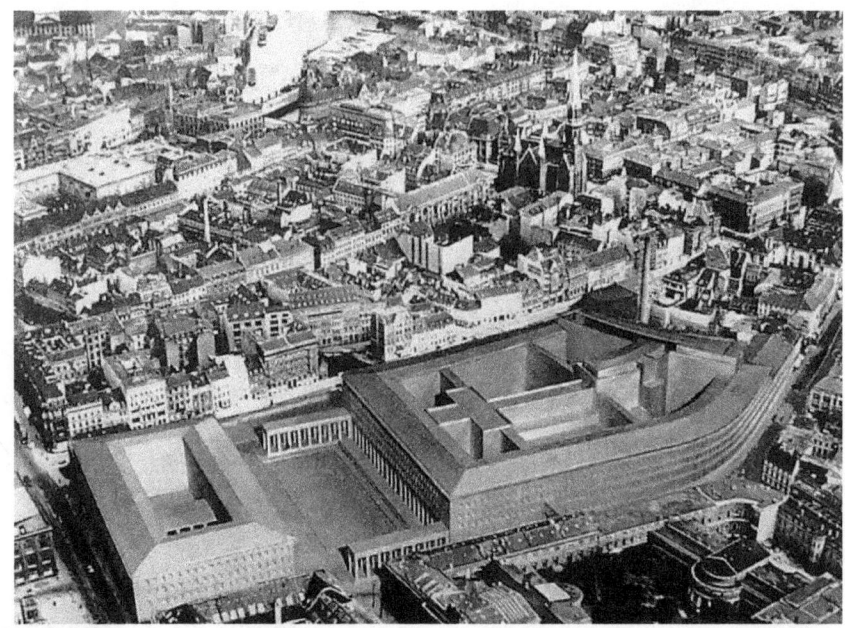

Neue Reichsbank, Fotomontage. 1933

Dem Kolossalbau der neuen Reichsbankzentrale müssen Gebäude von teilweise hohem kulturhistorischen Wert weichen. Allen voran das äußerlich unscheinbare Weydingerhaus, Unterwasserstraße 5. Der Name ist wesentlich jünger als das Gebäude selbst. Dessen erster Eigentümer ist Daniel Ludolf von Danckelmann. Der Staatsminister ist einer der sechs Brüder Eberhardts von Danckelmann, des unter Kurfürst Friedrich III. in Ungnade Geratenen.

Dem Erstbesitzer folgen ab 1710 nicht weniger als zehn weitere Eigentümer - erwähnenswert ist die Spiegel-Manufaktur des André Jordan zwischen 1784 und 1810 - bevor das Haus im Jahre 1828 für 38.000 Taler an Johann Heinrich Weydinger fällt. Der Mann ist ein reicher sozialer Wohltäter und begeisterter Kunstfreund. Die von ihm veranlassten künstlerischen Neugestaltungen im und am Haus veranlassen selbst den preußischen König samt Gefolge zu einem Besuch.

Die Umgestaltungen beginnen im Jahre 1830, und sie tragen die Handschrift Schinkels, bzw. seiner Mitarbeiter oder Schüler, insbesondere des Stadtbaurats Langerhans und des Hofmalers und späteren Vizedirektors der Akademie der Künste Karl W. Wach. Äußerlich zeugen die dem Portal vorgelegten Pfeiler und die geradlinigen Fensterverdachungen davon, dass die ursprünglich barocke Fassade in dieser Zeit klassizistisch überformt wird (s. Bild). Im Innern stechen

die stark beeindruckenden Wandgemälde von Wach und die Skulpturen hervor; beides erinnert an die Ausgestaltung des Schauspielhauses. Kunstvoll geschmückt sind nicht nur die Säle, sondern auch die Flure und Treppenhäuser – in den vorhandenen wie den später angefügten Hintergebäuden. Glanzpunkt ist dabei der Marmor- oder Spiegelsaal mit seinen von buntem Marmor eingefassten Nischen, die mit Spiegeln bzw. reich vergoldeten klassizistisch gerahmten Türen versehen sind. Blickfang ist die Decke, ausgemalt mit Gestalten des Tierkreises, die ein breiter Ornamentkranz umfasst.

Eine eingehende Untersuchung zur Baugeschichte des Weydingerhauses aus dem Jahre 1919 gelangt zu der Schlussfolgerung:

„Berlin besitzt etliche Privathäuser von höherem Alter, einige von weit früherer und prächtigerer Innenkunst, keines aber, das für die Entwicklungsphasen der letzten Jahrhunderte unserer Stadt bezeichnender wäre." [14]

Im Jahre 1934, beim Abbruch des seit 1871 Wand an Wand neben der neuen Münze stehenden Weydingerhauses gelingt es, kunstarchitektonisch wertvolle Bestandteile zu retten, darunter die wertvolle Decke im Saal. Der preußische Finanzminister Johannes Popitz lässt den Festsaal in das östliche Erdgeschoss seines Dienstsitzes verlagern, wo er noch heute zu bewundern ist. Der ehemalige Dienstsitz trägt inzwischen den Namen Palais am Festungsgraben und wurde 1753 in damaliger barocker Architektur errichtet. König Friedrich II. übergibt es

---

[14] Hedwig Michelson, Das Haus Unterwasserstraße 5 in Geschichte und Kunst. In: Schriften des Vereins für die Geschichte Berlins, Heft 50, 1919

der französischen Regiebehörde, die von dort aus im Auftrag der Krone das preußische Akzise- und Zollwesen verwaltet. Das von Wach ausgemalte Treppenhaus wandert ins Quergebäude des Ermelerhauses, Breite Straße, danach - als man dieses Gebäude 1968/69 am Märkischen Ufer neu errichtet - ins Nikolaihaus, Brüderstraße. [15]

Decke des Saals im Weydingerhaus

Nach dem Ableben Weydingers im Jahre 1837 übernimmt dessen Nichte, die Demoiselle Hernriette Wilhelmine Karoline Siegfried das Haus; nach deren Tod verkaufen es 1850 ihre drei Geschwister für 75.000 Taler an den Fiskus. Dieser

---

[15] vgl. Helmut Zschocke, Alt-Berliner Bauten auf Wanderschaft, a. a. O., S. 121 ff.

bringt dort zunächst Beamte der benachbarten Münze und nach 1860 die Rentenbankdirektion unter. Ab 1875 sitzt hier das Revisionskollegium für Landeskulturangelegenheiten.

Unterwasserstraße mit Weydingerhaus, Münze und Gerson links im Hintergrund. Zwischen Jungfernbrücke und Schleuse rechts der Abzweig des Mühlengrabens

Insgesamt hinterlässt der Bau der neuen Reichsbank eine verheerende Opferbilanz: Vier Straßen sind seither auf dem Berliner Stadtplan nicht mehr auffindbar, die Holzgartenstraße, die vermutlich nach dem nahen Jägerhof benannte Adlerstraße, deren „V"-Form sich in einem kleinen Fußgängerdurchgang namens Raules Hof fortsetzt und die Kleine Leipziger Straße zwischen Jungfernbrücke und Kurstraße. Letztere verliert ihre östliche Bebauung. Mit Ausnahme der Münze und wohl auch des Eckhauses zur Werderstraße verschwinden die Häuser an der Unterwasserstraße. Alles in allem begräbt die Bank nicht weniger als 69 eigenständig bebaute Grundstücksparzellen unter sich. Die Gegend südlich vom Werderschen Markt verliert endgültig ihre annähernd einheitliche Siedlungsstruktur.

Es ist nicht nur architektonisch wertvolle Bausubstanz, die verloren geht. Es sind auch Wohn-, Wirkungs- und Erinnerungsstätten namhafter Persönlichkeiten, die zugunsten der Reichsbank, anderer Bauten und schließlich durch Kriegszerstörung verschwinden. Einige dieser Personen und ihr Wohnsitz wurden weiter oben erwähnt. Andere werden ausführlicher betrachtet; sie sind Gegenstand der folgenden Kapitel.

Diese Persönlichkeiten lebten zu ganz unterschiedlichen Zeiten, verteilt über vier Jahrhunderte. Die Ersten dienten noch den brandenburgischen Kurfürsten. Zu Lebzeiten der Letzten war Preußen längst Geschichte, und anstelle von Untertanen saßen am Werderschen Markt die Gebieter.

2. Vom Premierminister zum Häftling. Eberhard von Danckelmann

„Er war groß in Kleinigkeiten und klein in großen Dingen!"[1] So das wenig schmeichelhafte Urteil Friedrichs II. über seinen Großvater, den Kurfürsten Friedrich III. und späteren König Friedrich I. Dessen charakterliche Zwiespältigkeit musste wohl kaum jemand so hautnah erfahren wie Eberhard von Danckelmann (s. Bild).

Eberhard Christoph Balthasar von Danckelmann, geboren im Jahre 1643 in Lingen an der Ems, entstammt einer bürgerlichen Juristenfamilie. Der Hochbegabte beginnt bereits als Heranwachsender mit dem Studium der Rechtswissenschaften. Seine ernste Lebensauffassung mag dazu beigetragen haben, dass er 1663, im Alter von nur zwanzig Jahren, zum Hauslehrer des kurfürstlichen Prinzen Friedrich berufen wird. Dessen lebenslange Beschäftigung mit Wissenschaften und Künsten, seine Liebe zum Theater gehen auf den Einfluss seines Mentors zurück.

Danckelmann trifft auf ein stilles Kind mit großem Kopf und langer Nase, mit missgestaltetem Rücken, den der Herangewachsene später mit einer riesigen Allongeperücke verdeckt, mit starken Hemmungen und dementsprechend frühzeitig ausbrechendem Hang nach Anerkennung und Förmlichkeiten. Trotz des rigorosen Umgangs des selbst streng calvinistisch erzogenen Lehrers mit dem Schüler entwickelt sich zwischen den beiden eine enge Beziehung. Durch rechtzeitige Verabreichung eines Gegenmittels soll Danckelmann seinen Zögling – nach dem geheimnisvollen Tod des älteren Bruders nunmehr Kurprinz - sogar vor

---

[1] Zit. n.: Adolf Streckfuß, 500 Jahre Berliner Geschichte, Berlin 1900, S. 262

einer Vergiftung durch Kurfürstin Dorothea Sophia, die um den Aufstieg ihrer leiblichen Kinder besorgte Stiefmutter Friedrichs, gerettet haben.

Im Jahre 1688, kurz nach Regierungsantritt des Kurfürsten Friedrich III. von Brandenburg, wird Danckelmann zum Geheimen Staats- und Kriegsrat, 1695 sogar zum Premierminister und Oberpräsidenten aller Landeskollegien ernannt. Der mächtigste Mann im Staate, ohne dessen Gegenzeichnung kein kurfürstlicher Erlass das Schloss an der Spree verlässt, arbeitet weiter im Sinne des Großen Kurfürsten und dessen Nachfolgers an der Zentralisierung der Verwaltung. Er fördert im Interesse der wirtschaftlichen Stärkung des Landes sowie höherer Steuereinnahmen die Entstehung von Manufakturen und den Einfluss des Bürgertums. Auch die Gründung der Universität Halle im Jahre 1694 und der Akademie der Künste in Berlin 1696 fallen in seine Verantwortung. Gelegentlich wird er überschwänglich mit Colbert, dem merkantilistischen Finanzminister des Sonnenkönigs Ludwig XIV. verglichen. Auf Antrag Friedrichs erhebt Kaiser Leopold I. ihn sowie seine sechs durchweg einflussreiche Ämter bekleidenden Brüder – unter anderem Gesandte in London und in Wien, Kanzler in Minden, Admiralspräsident, Generalkriegskommissar - in den Reichsfreiherrenstand.

„Der Tüchtige hat Neider, der Tüchtigste bringt sie zum Schweigen." Nicht immer bewahrheitet sich dieses Sprichwort. Auch der Tüchtigste kann von seinen Gegnern zu Fall gebracht werden, wenn er es ablehnt, wie diese bei der Obrigkeit zu intrigieren und wenn er seinen Kurs mit unterschiedsloser Strenge gegen alle Untergebenen verfolgt. Danckelmann schafft sich schnell Feinde.

Wer ständig neue Steuern erhebt, macht sich überall unbeliebt. Hintergrund ist der grenzenlose Finanzbedarf zur Befriedigung der psychopathisch bedingten Verschwendungssucht des Kurfürsten. Dessen erste Gelegenheit, seine Prachtsucht auszuleben, bietet die feierliche Erbhuldigung der kurmärkischen Stände am vierzehnten Juni 1688. Am zwölften September folgt das prunkvolle Leichenbegängnis des großen Kurfürsten. Schon in der Nacht vom sechsten zum siebenten Mai wird der Leichnam in einem Zug vieler Trauerwagen und unzähliger Fackelträger von Potsdam ins Berliner Schloss gebracht, dort in aller Pracht angekleidet und mit allen Zeichen der kurfürstlichen Würde geschmückt. Auf einem Paradebett stellt man ihn, bewacht von den höchsten Staatsbeamten, bis zum zwölften Mai zur Schau. Die Leiche verbleibt in der Schlosskapelle, bevor sie mit großer Pracht im Dom beigesetzt wird.

Unter Friedrich vergeht kaum ein Tag ohne Feierlichkeit, und sei es, dass vierundzwanzig Trompeter sowie zwei Paukenschläger täglich um zwölf Uhr mittags das Zeichen zum Beginn der Tafel im Schloss geben. Die Musikanten begleiten Friedrich auf allen Reisen, selbst auf den kurzen Strecken nach Potsdam oder Köpenick. Den Höhepunkt an Pracht und Aufwand stellt im Jahre 1701 die Selbstkrönung des Kurfürsten zum preußischen König dar, (deren Finanzierung indes schon nicht mehr in der Verantwortung Danckelmanns liegt).

Nicht nur beim Volk ist Danckelmann bald ein vielgehasster Minister. Der höfische Adel lehnt den bürgerlichen Emporkömmling ab, der ihnen vor die Nase gesetzt wurde. Er weiß sich dabei einig mit Kurfürstin Sophie Charlotte (s. Bild), einer klugen, Kunst und Wissenschaft im Lande vorantreibenden Frau, die um ihren Einfluss auf den Gemahl fürchtet. Für sie ist das Maß voll, als der Premierminister versucht, seinen Grundsatz strenger Sparsamkeit auf die Bedürfnisse des Berliner Hofes auszudehnen. Keine angeblichen oder tatsächlichen Fehler des Ersten Ministers, darunter mangelhafte diplomatische und Kriegserfolge, werden von all diesen Schmeichlern ausgelassen, Danckelmann bei dem beeinflussbaren Friedrich und bei Sophie Charlotte anzuschwärzen.

Es kommt hinzu, dass der einflussreiche Ratgeber gelegentlich zu weit geht. Immer einmal widerfährt es ihm, dass er gegenüber seinem ehemaligen Schüler den Lehrer durchschimmern lässt, wenn dieser – etwa bei der Verwendung der stets knappen Haushaltsmittel - eigene Wege gehen will. In wichtigen außen- und innenpolitischen Fragen treten Meinungsunterschiede auf, etwa bei der Frage, welchen handgreiflichen Gewinn der Krieg mit Frankreich für Brandenburg brachte oder ob das Bemühen des Kurfürsten, vom Kaiser die Königskrone zu erlangen, lohnt.

Danckelmann spürt sehr früh, wie sich das Geflecht von Intrigen und Anschuldigungen um ihn zusammenzieht; die Zweifel mehren sich, ob sein Herr und Freund auf Dauer unbeirrt zu ihm halten wird. Dies mag eine Anekdote illustrieren, die von Karl Ludwig Wilhelm Freiherr von Pöllnitz, Schriftsteller und Kammerherr bei König Friedrich Wilhelm I., überliefert ist.

Nach dem Umbau seines Anwesens, gelegen am Werderschen Markt neben dem Rathaus, zu einem prächtigen Palais (s. Abbildung von Stridbeck im 1. Kapitel) gibt Danckelmann dem Herrscherpaar und dem gesamte Hof ein prächtiges Fest. Während die Kürfürstin tanzt, zeigt der Hausherr dem ehemaligen Schüler sein Arbeitsgemach und die dort aufgehängten Bilder. „Diese Gemälde und alles, was Sie hier sehen, wird in kurzem Ihnen gehören. ... Ich werde in kurzem Ihre Gnade verlieren. Sie werden mich in Verhaft nehmen lassen und sich meines Vermögens bemächtigen; aber nach 10 Jahren werden Sie meine Unschuld erkennen, mich wieder in meine Stellen einsetzen und mir alles zurückgeben, was Sie mir genommen haben werden." Der Kurfürst (s. Bild) ist außer sich angesichts des damals noch ungetrübten Verhältnisses zu seinem Freund. Spontan legt er die Hand auf ein neues Testament, das auf einem Tisch liegt und schwört, dass diese Prophezeiung nie eintreten werde. ²

Der Schwur hält nur einige Jahre. Obwohl es Danckelmann gelingt, aus den Domänen durch geschickte Verwaltung einen Überschuss von einer Million Taler herauszuziehen, können die Schulden, entstanden durch Kriegsführung und Hofhaltung bei weitem nicht ausgeglichen werden. Ohne Einschränkungen wird das Land ruiniert, beschwört Dankelmann den Kurfürsten.

Seine Majestät möge sich seitens des Premiers nicht hofmeistern lassen, flüstern die Schmeichler dem Herrscher ein. Besonders der geschmeidige Johann Casimir Kolbe von Wartenberg, von Friedrich geschätzt, von der Kurfürstin vergöttert, versteht es, das höchstdurchlauchtige Mißtrauen gegen Danckelmann zu schüren.

Ein Ereignis, dem der an förmlichen Kleinigkeiten hängende Kurfürst höchste Bedeutung beimisst, macht Danckelmann bewusst, dass er nicht mehr lange mit der Gunst seines Herrn rechnen kann. Eine Schaumünze des Hofmetalliers Faltz zeigt sieben Sterne über der Stadt Berlin, auf der Rückseite das Danckelmannsche Wappen. Inschriften auf beiden Seiten verherrlichen die sieben Brüder. Diese Münze spielt der bei Friedrich hochangesehene Graf Christoph Dohna, Gouverneur des Kurprinzen, in die Hände seines Herrn. Dieser ist erwartungsgemäß hoch verärgert über die Anmaßung von Untertanen, sich mit dem (einen Teil der Milchstraße bildenden) Siebengestirn zu vergleichen.

---

² vgl. Adolf Streckfuß, a. a. O., S. 274-275

Die Situation am Hof hat sich inzwischen derart zugespitzt, dass es Danckelmann für richtig hält, um seinen Abschied zu bitten, den er am 27. November 1697 erhält – nach 34 Jahren Dienst unter zwei Kurfürsten. Friedrich sorgt für ehrenvolle Bedingungen. In einer Urkunde drückt er seine volle Zufriedenheit für langjährige Dienste seines Untergebenen aus, lässt diesem seinen Rang, so manche einkommensträchtige Ehrenstelle und bewilligt eine Pension von jährlich 10.000 Talern.

Zu viel Großmut aus der Sicht der Gegner; der absolut Herrschende könnte womöglich wieder anderen Sinnes werden! Sie erreichen, dass Danckelmann verhaftet und unter fadenscheinigen Anschuldigungen – 290 zumeist unbegründete Anklagepunkte – vor Gericht gestellt wird. Das Verfahren zieht sich lange hin, ohne dass es zu einem Urteil kommt. Schließlich verfügt eine Kabinettsorder Friedrichs lebenslange Haft, Einziehung aller Güter einschließlich des Hauses am Werder, hinfort Fürstenhaus, Verlust der Pension sowie der erblich zugesagten Würden. Nach kurzfristiger Haft in Spandau, bleibt Danckelmann von 1698 bis 1707 in der Festung Peitz gefangen.

Leopold von Ranke, der Historiograf des preußischen Staates, fasst die Ursachen für Danckelmanns Sturz objektivierend zusammen:

„Wir sehen: die verschiedensten Momente wirkten zum Nachteil Danckelmanns zusammen: der Mangel an großen Erfolgen in der auswärtigen Politik; die im Innern hervortretenden Verlegenheiten; die Verstimmung der angesehensten Männer in Hof und Staat; ein immer andauerndes Mißverständnis mit der Kurfürstin; kleine Überhebungen des Selbstgefühls, die man geschickt und boshaft dem Kurfürsten selbst zur Kenntnis brachte. Und sehr empfindlich war Friedrich III. für jede Verletzung seines persönlichen Ansehens." [3]

Friedrich I. amnestiert den Häftling im Jahre 1707 und gestattet ihm, in Cottbus zu leben. Aus dem beschlagnahmten Vermögen werden ihm jährlich 2.000 Taler bewilligt. Zur Versöhnung kommt es nicht.

Mit der Krönung Friedrichs zum König in Preußen im Jahre 1701 schlägt die Stunde des Colbe von Wartenberg, nachdem der wegen seiner bereitwilligen Gefälligkeit überall beliebte Höfling seine ehemaligen Mitverschwörer Dohna, Fuchs und Barfus ausgeschaltet hat.

Der Oberkammerherr wird zum Reichsgrafen erhöht und zum faktischen Nachfolger Danckelmanns. Zusammen mit Oberhofmarschall Graf August von Wittgenstein hält er zehn Jahre lang ein Regime aufrecht, das Preußen zum Unglück gereicht:

„Es ist kein Zweig der Verwaltung, der die Spuren davon nicht lange genug zu tragen gehabt hätte. Überall wo zuvor angestrengte Reformthätigkeit und ruhiger Fortschritt geherrscht haben, trat entweder gänzlicher Stillstand ein oder eine unsicher umhertastende, überrasche Projektemacherei, fast noch schädlicher als jener." [4]

---

[3] Leopold von Ranke, Preußische Geschichte I, o. J., S. 358
[4] Curt Breysig, Der Prozess gegen Eberhard Danckelmann, Leipzig 1889, S. 97

König Friedrich Wilhelm I., seit 1713 auf den Thron, bringt wieder Ordnung in die zertrümmerte Wartenberg-Wittgensteinsche Verwaltung des brandenburgisch-preußischen Staatswesens. Danckelmann erfährt die Genugtuung, auf ehrenvolle Weise an den Hof zurückzukehren und um Rat gebeten zu werden. Beim Gottesdienst in der Kapelle nimmt er wieder den Platz ein, den er als erster Minister beanspruchen konnte. Die letzten Lebensjahre verlaufen ruhig, den Studien gewidmet. Seine Güter erhält er indes nicht zurück. Er stirbt 1722 im Alter von 78 Jahren.

3. Brandenburg als Kolonialmacht? Benjamin Raule

Die Politik von Friedrich Wilhelm, nach der Schlacht von Fehrbellin gegen die Schweden im Jahre 1675 auch Großer Kurfürst genannt, findet bei Historikern viel Anerkennung. Mit seiner zielstrebigen und reformfreudigen Staatsführung beginnt der Aufstieg Brandenburg-Preußens zur Großmacht. Für Leopold von Ranke, dem Historiographen des preußischen Staates, steht er

„ ... ebenbürtig in der Reihe der großen theoretisch-praktischen Geister, die das siebzehnte Jahrhundert in seinen religiösen und politischen Kämpfen hervorgebracht hat." [1]

Hans-Joachim Schoeps, der 1980 verstorbene Ordinarius für Religions- und Geistesgeschichte an der Universität Erlangen, schreibt:

„Friedrich Wilhelm, der Große Kurfürst, war ein Hauptvertreter der modernen Herrschaftsform des fürstlichen Absolutismus, die gegen den landschaftlichen Sondergeist und gegen die ältere Rechtsauffassung der Landstände aufgerichtet war und eine staatsbildende Idee des 17. Jahrhunderts gewesen ist." [2]

Ranke sieht sich allerdings in einer Hinsicht zu Recht veranlasst, seine Würdigung des Kurfürsten einzuschränken:

„In seinem Geiste war etwas Weitausgreifendes, man möchte sagen, allzu weit; wenn man sich erinnert, wie er Bandenburg in unmittelbaren Bezug zu den Küsten von Guinea brachte und auf dem Weltmeer mit Spanien zu wetteifern unternahm ..." [3]

In der Tat, Ansätze von Größenwahn müssen dem Großen Kurfürsten zugeschrieben werden. Es war schon mehr als gewagt, Brandenburg-Preußen - damals im Konzert der europäischen Mächte noch halb Spielball, halb Akteur - als See- und gar als Kolonialmacht installieren zu wollen!

Ein Mann steht im Mittelpunkt dieses „weitausgreifenden" Vorhabens Friedrich Wilhelms: Benjamin Raule (auch Raulé). Der im Jahre 1634 in Vlissingen Geborene hugenottischer Abkunft ist Schiffer, Reeder, Unternehmer und Kaufmann.

Dass er schon in jungen Jahren zum geachteten Bürger und Ratsherrn der Stadt Middelburg, holländische Provinz Zeeland, avanciert, ist vor allem auf seinen erfolgreichen Handel mit Frankreich zurückzuführen. Neben seiner Geschäftstüchtigkeit ist indes immer auch ein gewisses Abenteurertum im Spiel. Im Holländischen Krieg von 1672 verliert Raule zu großen Teilen sein Vermögen, aber er weiß sich zu helfen. Im Jahre 1675 wird er mit Kurfürst Friedrich Wilhelm, der sich gerade in den Niederlanden aufhält, bekannt. Letzterer befindet sich im Krieg gegen Schweden, dessen Streitmacht zu Wasser er nichts entgegenzusetzen hat.

Warum sollte Brandenburg künftig in der Ostsee nicht die gleiche Rolle spielen können wie die kleine, aber starke Republik der Niederlande mit ihrer bewundernswerten Innen- wie Außenpolitik in der Nordsee?

---

[1] Leopold von Ranke, a. a. O. S. 320
[2] Hans-Joachim Schoeps, Preußen. Geschichte eines Staates, Berlin 1997, S. 31
[3] ebenda, S. 322

Soweit die ersten, nachvollziehbaren, eher defensiv geprägten Seemachtgelüste des Kurfürsten, bei deren Befriedigung der holländische Kaufmann helfen soll.

Raule (s. Bild) hat sich zu diesem Zeitpunkt bereits dem einträglichen Geschäft der Freibeuterei zugewandt und lässt sich von Friedrich Wilhelm Kaperbriefe gegen die Schweden ausstellen. Kaperei ist schon seit dem Mittelalter gängige Praxis; private Seefahrer werden von einem Staat zur Unterstützung der eigenen Seestreitkräfte beauftragt, feindliche Schiffe zu plündern und auch zu beschlagnahmen. Die geplünderte Ware verbleibt anstelle eines Solds ganz oder teilweise bei den Freibeutern.

Raule rüstet in Amsterdam drei Kaperschiffe aus, die Finanzierung von drei weiteren und der Anwerbung der Mannschaften übernimmt die brandenburgisch-preußische Staatskasse. Dann beginnt die „Arbeit". In nur vier Wochen fallen den Freibeutern 21 schwedische Handelsschiffe in die Hände. Doch weder Holland noch England erkennen die Kaperbriefe an. Raule muss die Schiffe samt Ladung wieder freigeben und wird überdies wegen Mißbrauchs der niederländischen Flagge angeklagt. Verfolgt und hoch verschuldet flieht er mit seiner Familie nach Berlin.

Die Flucht fällt in eine Zeit, in der Brandenburg selbst begonnen hat (seit 1675), hochseetüchtige Kriegsschiffe zu bauen; erste Anfänge im Königsberger Vorhafen Pillau aus dem Jahre 1656 hatten sich längst wieder zerschlagen. Der Fachmann aus Holland ist daher hochwillkommen. Der Kurfürst ernennt ihn zum „Rat und Schiffsdirektor", die Familie erhält monatlich eine finanzielle Zuwendung.

Ab 1676 liegt die Verantwortung für den Aufbau der kurbrandenburgischen Flotte bei Benjamin Raule. Werften entstehen in den folgenden Jahren erneut in Pillau, darüber hinaus in Kolberg, zwischen Dorotheenstraße und Reichstagsufer in Berlin (mit Sägemühle für Holz in der Mühlenstraße) sowie in Havelberg. An letzterem Ort werden insgesamt fünfzehn Schiffe gebaut; ein Teil von ihnen muss indes aus Geldmangel direkt weiterverkauft werden. Die kurbrandenburgische Marine wächst nicht nur im Resultat der Stapelläufe auf den eigenen Werften, sie besteht auch aus im Ausland gekauften und aus gemieteten oder erbeuteten Schiffen. Und Raule vermittelt oder organisiert nicht nur, er verdient auch. In Havelberg lässt er teilweise auf eigene Rechnung arbeiten. Mit kurfürstlichen Mitteln gründet er eine Schiffahrtsgesellschaft und verpflichtet sich 1678, an den Regenten fünf Fregatten und sechs Schaluppen zu vermieten. In Jahre 1684 kauft der Kurfürst dem inzwischen zum General-Directeur de Marine im Range eines Obristen Ernannten neun mit insgesamt 176 Kanonen bestückte Schiffe ab.

Schon im Jahre 1680 führen 28 Schiffe die brandenburgische Flagge, zur Hälfte hochseetüchtige schnelle Fregatten mit großem Aktionsradius und ausgestattet mit einigen hundert Kanonen. Gegen die Schweden hatte sich die Marine in den Jahren 1677 und 1678 bei den Belagerungen von Stettin und Stralsund sowie bei der Besetzung der Insel Rügen bewährt. Die Spanier, die ihre Schulden bei Friedrich Wilhelm nicht bezahlen, verlieren 1680 im Kaperkrieg zwei Silberschiffe, die auf Jamaika hohe Erlöse bringen. Spektakulär ist im gleichen Jahr auch die Eroberung der Fregatte Carolus Secundus vor Ostende. Unter dem Namen „Markgraf von Brandenburg" wird sie zum Flaggschiff der kurfürstlichen Flottille.

Schiffbauwerft in Havelberg.

Nützlich macht sich der gewandte und vielseitig begabte Raule beim Kurfürsten auch außerhalb der Seefahrtsinteressen, etwa bei Projekten für eine Bank, für ein neues Handwerker-Reglement, mit Vorschlägen für niedrigere Steuern auf Grundnahrungsmittel oder den Wohnungsbau für arme Berliner.

Im Jahre 1678 erbaut sich Raule sein eigenes Wohn- und Geschäftshaus, zugleich Sitz des Marinedirektoriums. Es entsteht zwischen Unterwasser- und Adlerstraße auf den Grundmauern eines alten verfallenen, vom Kurfürsten als Geschenk erhaltenen Ballhauses unweit der Jungfernbrücke und nahe der Nordseite der Alten Leipziger Straße. An das Wohngebäude schließen sich drei parallel in Richtung Ufer verlaufende und von dort zu beliefernde Lagerhäuser an, in denen der Kaufmann Waren, zumeist holländische Einfuhren aus Afrika, stapelt.

Im ersten Stock des Wohnhauses sind die Räume mit schwarzen und weißen Marmorfliesen bedeckt. Es gibt einen wunderbaren großen Saal aus Marmor und Stuck mit wertvollen Möbeln und ausgewählten Seltenheiten aus fernen Ländern, für die sich der Kurfürst bei seinen Besuchen begeistert. Die ganze reichhaltige und geschmackvolle Ausgestaltung will wenig zu dem unscheinbaren Mann, seiner untersetzten Gestalt und der für Berliner Ohren häßlichen holländischen Sprache passen.

Brandenburgische Flotte auf hoher See. Gemälde von Lieve Verschuier 1684

Bald schon wird „Raules Hof" (s. Bild) als Bezeichnung für das Gebäude und für die zur Freitreppe des Eingangs führende schmale Gasse zu einer markanten Adresse des Friedrichswerder. Die Bezeichnung hält sich bis ins erste Drittel des 20. Jahrhunderts. Bis dahin ist von dem Bau längst nur noch das ehemalige Wohnhaus verblieben, sind bereits im 18. Jahrhundert die Lagerhäuser am Spreekanal entfernt und durch Wohn- bzw. Geschäftshäuser ersetzt und an die südliche Brandmauer des alten Hofs zwei Gebäude angefügt worden, die bis an die Alte Leipziger Straße reichen. Und inzwischen hat dort im 19. Jahrhundert der oben erwähnte Seidenfabrikant Heese gewirkt, war hier die Wohnung von Dr. Kurella, des Erfinders eines damals bekannten Brustpulvers. Den Reichsbankplanern bleibt es vorbehalten, mit dem Domizil die Erinnerung an den holländischen Lebemann Benjamin Raule auszulöschen.

Nachdem sich Raule im Werder wohn- und geschäftlich eingerichtet hat, häuft er in den folgenden Jahren weiteren Grundbesitz an. Neben einer Erwerbung in Potsdam kauft er 1686, nach anderen Angaben bereits 1682 das östlich von Berlin liegende Gut Rosenfelde, das ab 1699 Friedrichsfelde heißt. Die verfallene Gutsruine verwandelt er in ein holländisches Landhaus, umgeben von einem prächtigen Park. Der Große Kurfürst ist hier in seinem Todesjahr 1688 noch zu Gast. Das 1719 von Markgraf Albrecht Friedrich von Schwedt auf altem Fundament zu einem Schloss umgebaute Anwesen ziert heute den Berliner Tierpark.

Raules Hof 1910

Mit den achtziger Jahren beginnt in der brandenburgischen Marine- und Handelspolitik eine neue Phase. Äußerliches Zeichen dafür ist die Umbenennung des General-Kommerz-Kollegiums in „Admiralität". Brandenburg ist bestrebt, dem Klub der europäischen Kolonialmächte beizutreten. Spätestens an diesem Punkt macht sich das „allzuweit Ausgreifende im Geiste des Kurfürsten" bemerkbar, das Leopold von Ranke für bedenklich hielt.

Im Rahmen seiner kolonialen Ambitionen denkt der Kurfürst, angeregt von Raule, an eine Handelskompanie nach holländischem Vorbild. Das Ziel ist, am Dreieckshandel zwischen Europa, Afrika und Amerika teilzunehmen. Im Jahre

1680 segelt Benjamin Raule mit zwei von ihm ausgerüsteten Schiffen und je zehn Soldaten zur westafrikanischen Goldküste. Am Kap Tres Puntas (Drei Spitzen) in Guinea knüpft er Verbindungen mit einigen Aschanti-Häuptlingen und schließt einen Vertrag zum Bau eines Forts, von dem aus Tauschhandel mit den umliegenden Gebieten betrieben werden soll.

Nach diesem ersten Erfolg kommt es im Jahre 1682 zur Gründung der Brandenburgisch-Afrikanischen Compagnie (BAC), die über eigene Gerichtsbarkeit und eigenes Militär verfügt. Diese Firma – sie gilt als erste deutsche Aktiengesellschaft - erhält auf 30 Jahre den kurfürstlichen Freibrief, an der afrikanischen Küste Handel zu treiben, „ohne die Holländer zu stören". Ihr Kapital nimmt sich für die Dimension des Vorhabens bescheiden aus; es beträgt 50.000 Taler, das teils Raule, teils der kurfürstliche Hof aufbringt. Die künftige Beteiligung weiterer Kapitalgeber ist willkommen; sie hält sich indes in engen Grenzen. Sitz der Kompanie ist zunächst Pillau. Für die überseeischen Unternehmungen benötigt man jedoch einen Hafen an der Nordsee. Mit den Ständen der Stadt Emden kann Friedrich Wilhelm 1683 einen Vertrag schließen, der es ermöglicht, Stammhafen und Sitz der Kompanie dorthin zu verlegen.

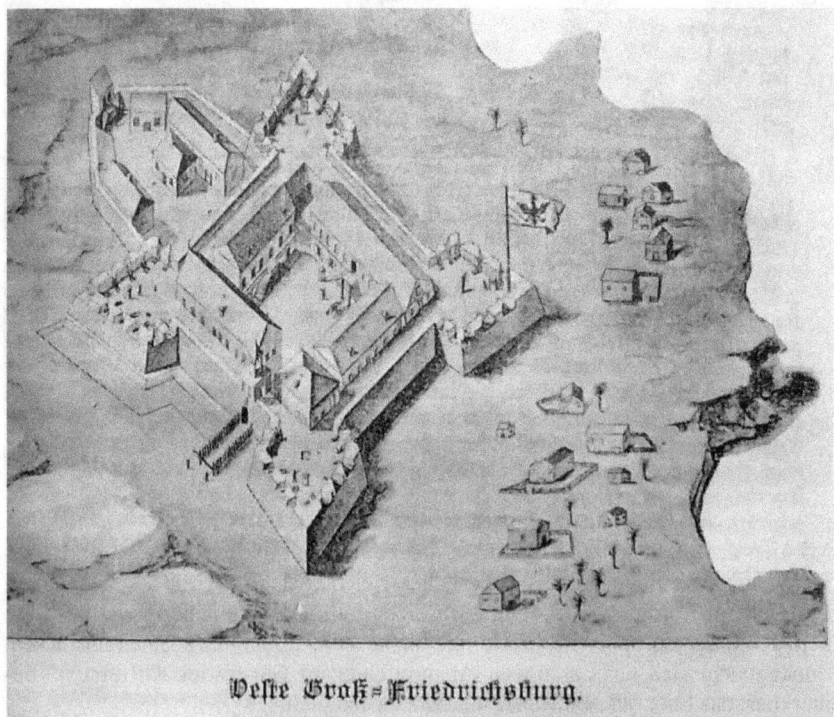

Veste Groß-Friedrichsburg.

Eine zweite Reise unter Otto Friedrich von der Groeben mit ca. 50 Soldaten folgt, und 1683 gelangt im heutigen Ghana ein dreißig Kilometer langer Küstenstreifen unter die Flagge mit dem roten Adler. Den Kolonialstützpunkt „Groß-

Friedrichsburg" baut man zum steinernen Fort mit Bastionen aus. Zwei weitere kleine Stützpunkte in Guinea werden bald von der Niederländischen Westindischen Handelskompanie erobert. Einen weiteren Stützpunkt gibt es auf der mauretanischen Insel Arguin.

Die Schiffe der Kompanie bringen ausgemusterte Handfeuerwaffen mit Munition sowie primitive Eisengeräte und Rubinglas zum Tausch gegen Gummi, Straußenfedern, Pfeffer, Elfenbein, Gold und – üblicherweise – Sklaven.

Trotz aller Anfangserfolge ist das barocke Kolonialabenteuer des Großen Kurfürsten zum Scheitern verurteilt. Die Brandenburgisch-Afrikanische Compagnie (BAC) gelangt nie auch nur in die Nähe jener Größe und Macht, die sie in der Lage versetzt hätte, erfolgreich mit den anderen Überseemächten zu konkurrieren. Als völlig unzureichend erweisen sich die finanziellen Mittel. Mehr als einige 40 Hochseeschiffe segeln nie unter brandenburgischer Flagge; bei den Holländern sind es um die 16.000 Fahrzeuge. Jede mißglückte Handelsaktion, jedes beschlagnahmte Schiff, das gegen Entgelt freigekauft werden muss, jeder Schiffsuntergang, Lagerbrände, jeder aufwändige Ausbau der Stützpunkte gegen die Überfälle von Piraten, auch die Veruntreuungen des Gouverneurs von Groß-Friedrichsburg bringen die Kompanie an den Rand des Ruins. Hinzu kommt, dass einige der beteiligten Kaufleute den Handel eher für die eigene Tasche betreiben. Streitigkeiten unter den Kapitalgebern tragen dazu bei, das Vertrauen in die BAC zu schmälern.

Im Jahre 1692 ist die Gesellschaft bankrott. Ihre Umwandlung in die „brandenburgisch-africanischamericanische Compagnie" (BAAC) durch den eher an Luxusjachten als an überseeischen Projekten interessierten Kurfürsten Friedrich III., der die Kompanie 1711 verstaatlicht, kann den Niedergang nicht aufhalten. Schon um die Jahrhundertwende können die wenigen verbliebenen Schiffe die Stützpunkte nicht mehr ausreichend versorgen. König Friedrich Wilhelm I., der die innere der äußeren Kolonisation vorzieht, verkauft im Jahre 1717 Groß-Friedrichsburg an die Niederländer für 17.200 Dukaten, auch die sonstigen Besitztümer und das Inventar liquidiert er. Zwölf als Soldaten und Musikanten für brauchbar gehaltene Schwarzafrikaner gelangen bei dieser Gelegenheit nach Berlin. Das Seemacht- und Kolonialkapitel in der Geschichte Brandenburg-Preußens ist zu Ende und lebt erst im deutschen Kaiserreich wieder auf. Selbst unter einer lebensfähigen Handelskompanie hätte gegolten: Das Mutterland Brandenburg-Preußen hatte noch gar nicht den gewerblichen Entwicklungsstand, die eingeführten Waren weiterverarbeiten zu können; parallel dazu fehlte der aufnahmefähige innere Absatzmarkt.

Und Benjamin Raule? Solange Kurfürst Friedrich Wilhelm lebt, kann sich der inzwischen vermögende und repräsentativ residierende Admiral seiner Stellung bei Hofe sicher sein. Nach dem 9. Mai 1688 ändert sich die Situation schnell. Der Unterschlagung bei seinen Geld- und Handelsgeschäften verdächtigt, wird Raule verhaftet. Aber noch hat er einen weiteren Beschützer. Eberhard Freiherr von Danckelmann, Erster Minister und an den Gewinnen Raules beteiligt, sorgt dafür, dass man den Eingesperrten 1690 rehabilitiert. Erst nach dem Sturz

Danckelmanns kann sich die verbreitete Mißgunst gegen Raule frei entfalten. Das Geschäftsgebaren des Holländers, seine draufgängerische und abenteuerliche Art wird schon immer – nicht völlig zu Unrecht - argwöhnisch beobachtet. Verdachtsäußerungen hatte Friedrich Wilhelm immer zum Schweigen gebracht.
Nun, unter Friedrich III. kommt es zu ernsthafter Prüfung der Bücher. Diese ergibt eine Kassenlücke von fast einer halben Million (454.400) Taler. Man wirft Raule vor, den Großen Kurfürsten übervorteilt zu haben. Jede Begünstigung, jedes kleine Geschenk, das Raule erhalten hat, wird zum Mühlstein am Hals des General-Directeur de Marine. Den einstigen Günstling richten nicht nur Fakten, sondern auch Rufmord. Im Jahre 1698, ein Jahr nach Danckelmann, verbringt man Raule auf die Festung Spandau. Sein Vermögen wird eingezogen. Dann stellt man das gegen Raule eröffnete Verfahren ein, entlässt ihn aber erst im Jahre 1702. Wie Danckelmann muss er sich fern der Residenz aufhalten. Die Verbannung in Emden verbringt er - inzwischen ohne Familie - auf einem Schiffswrack. Er stirbt im Jahre 1707 schwer krank in Hamburg. Sein Vermögen in Berlin und an anderen Orten fällt an den brandenburgisch-preußischen Staat. König Friedrich I. verfügt, dass für die Beerdigung und die Abzahlung evtl. Schulden 500 Taler verzinslich aufgenommen werden dürfen; die Verpfändung von Raules Hof verbietet er.

4. Reklamekönig und Patriot. Ernst Litfaß

Keine wirtschaftliche Tätigkeit findet auf friedrichswerderschem Boden größere Verbreitung als das Bekleidungsgewerbe. Weiter oben wurden indes auch andere, zwar weniger flächendeckende, jedoch teils überregional bedeutsame Geschäftsfelder sowie einige einschlägige Unternehmer erwähnt.

Um einen weiteren Wirkungsbereich geht es nachfolgend, um das Drucken, Vervielfältigen, und Verlegen von – gelegentlich selbstverfassten – Texten sowie um den Handel mit ihnen. Es geht auch um dazugehörige Personen, darunter um einen Mann von weit überregionaler Bedeutung.

Berliner Buchbinderwerkstatt. Um 1890

Seit Mitte des 19. Jahrhunderts weisen die Berliner Adressbücher für den Friedrichswerder Jahr für Jahr zwischen einem und zwei Dutzend Buchdrucker, Buchbinder, Buchhändler oder Schriftsetzer aus. Die Bachmann, Triebsch, Praetorius, Stubenrauch und viele andere sind längst vergessen. Einige Namen haben hingegen bis heute einen bekannten, guten Klang. In den Jahren 1845 und 1846 wohnen bzw. arbeiten im Haus Adlerstraße 9 zwei Personen namens Humblot, der eine Hauseigentümer und Rentier, der andere der Buchdruckereibesitzer L. Humblot. Zur gleichen Zeit betreibt der Königliche Hofbuchhändler A. Humblot unweit in der Französischen Straße 20a den Buchhandel Duncker & Humblot und wohnt nebenan in Nummer 21.

Wie eng die verwandtschaftlichen und die geschäftlich-arbeitsteiligen Beziehungen zwischen Ihnen sind, ist nicht mehr feststellbar. Beide dürften Verwandte des im Jahre 1828 verstorbenen Peter Humblot, Mitbegründer des Buchhandels und Verlags Duncker & Humblot, Stadtverordneter und Vorkämpfer des Urheberschutzes, sein. Wahrscheinlich hat diese Hugenottenfamilie wie manch anderes Geschlecht französischer Glaubensflüchtlinge im Friedrichswerder ihren Berliner Ursprung. Jedenfalls besucht Peter H. das hiesige Gymnasium, bevor er an mehreren deutschen Städten und in Basel das – damals noch eng mit dem Verlagswesen verbundene – Gewerbe des Buchhändlers erlernt, dann einige Zeit bei der traditionsreichen Berliner Firma Haude & Spener arbeitet und im Jahre 1809 zusammen mit seinem Freund Karl Duncker die Fröhlichsche Buchhandlung übernimmt. Heute steht Duncker & Humblot für einen renommierten Berliner Wissenschaftsverlag.

Lange vor den Humblots macht ein Mann aus der Umgebung des Werderschen Markts von sich reden, dem die Berlin-Forschung die erste umfassende Topografie der Stadt verdankt: Georg Gottfried Küster, geboren 1695 zu Halle, gestorben im Jahre 1776 in Berlin. Der Sohn eines Schneiders studiert in Halle Theologie sowie römische und deutsche Rechtsgeschichte. Seit 1723 ist Küster im Schulamt tätig, zunächst, bis 1728 am Cöllnischen Gymnasium. Im gleichen Jahr nimmt ihn die Königliche Akademie der Wissenschaften als Mitglied auf. Vier Jahre später ernennt man Küster zum Rektor des Friedrichwerderschen Gymnasiums, ein Amt, das dieser bis zum Lebensende bekleidet.

Küster ist nicht nur Schulmann, sondern auch und vor allem Historiker. Über erstere Tätigkeit ist wenig bekannt, über letztere umso mehr. Küsters Forschungen und Veröffentlichungen konzentrieren sich ausschließlich auf die märkische Geschichte. Zu nennen sind seine „Tangermündischen Denkwürdigkeiten", die Biografien von märkischen Historikern, das noch heute wegen seiner Vollständigkeit und Übersichtlichkeit unverzichtbare Kompendium über die märkische Literatur namens „Bibliotheca historica Brandenburgica", eine größere Anzahl von Schulprogrammen, die auch den Werdegang von Gelehrten enthalten. Neben diesen Werken gibt Küster in zwei Bänden die „Collectio opusculorum historiam Marchicam illustrantium" heraus, die ältere noch ungedruckte, oder schon früher veröffentlichte Schriften sowie Nachrichten über die Autoren enthalten.

Was Küster für den Berlinhistoriker unentbehrlich macht, ist das ausführliche Werk „Altes und Neues Berlin", der erste umfassende Führer durch die Residenzstadt, wie es ihn damals in dieser sachlichen, barocke Lobhudelei und Schwülstigkeit zumindest teilweise meidenden Darstellung europaweit nur für Rom gibt. Informiert wird über die öffentlichen Gebäude (Rathaus, Kirchen, Gymnasien usw.) und deren Amtsinhaber, über das königliche Haus, die Bürgerschaft, die Stadtordnung u.v.a.m. Sorgfältig angelegte Register erleichtern das Auffinden.

Den ersten von insgesamt vier Foliobänden, der im Jahre 1737 erscheint, kann Küster noch gemeinsam mit dem Kammergerichtsadvokaten Johann Christoph Müller erarbeiten, der auch an der Planung des Gesamtwerks beteiligt ist. Nach dem Tod des Mitautoren führt Küster das Vorhaben allein weiter. Die folgenden Bände erscheinen in den Jahren 1752, 1756 und 1769. Ein fünfter Band, der die eigentliche Chronik der Stadt vom Jahre 1106 (!) bis zur Gegenwart behandeln sollte, erscheint nicht mehr. Der junge, darstellerisch gewandte Friedrich Nicolai kommt 1769 mit seiner „Topographisch historischen Beschreibung von Berlin und Potsdam" dem Vierundsiebzigjährigen zuvor. „Altes und Neues Berlin" (s. Bild) bleibt indes unentbehrlich für Jeden, der sich im Detail mit der früheren Geschichte Berlins befasst.

Den berühmtesten Sohn der schwarzen Kunst bringt die Gegend um den Werderschen Markt in Gestalt des Ernst Litfaß hervor. Das Leben dieses Mannes, das von 1816 bis 1874 währt, steht symbolisch für den Wandel Berlins von der verträumten Biedermeier- zur geschäftigen Reichshauptstadt.

Die Buchdruckerfamilie Litfaß ist bereits seit 1601 nachweisbar. Von Moskau über Königsberg gelangt die Familie Litfaß im Jahre 1796 schließlich nach Berlin. Ernst Gregorius Litfaß, der Vater von Ernst L., gründet in diesem Jahr die Berliner Buchdruckerei, die Bilderfibeln, Katechismen sowie Volksbücher und während der Befreiungskriege der Jahre 1813/14 Extrablätter und Siegesbulletins herstellt.

Wenige Tage nach der Geburt von Ernst L. verstirbt der Vater. Leopold Wilhelm Krause, der Administrator des Unternehmens, heiratet die Witwe und erwirbt im Jahre 1818 den Betrieb. Krause beherrscht und organisiert nicht nur das Drucken und Vervielfältigen. Er beteiligt sich auch an der Herausgabe neuer, oft witzig-kritischer Blätter. Mehrfach kommt es zu existenzgefährdenden Konflikten mit der Zensur, wenn Krause versucht, der Behörde frisierte Exemplare vorzulegen.

Stiefsohn Ernst genießt zwar den freien in der Familie herrschenden Ton, mit dem Gewerbe hat er aber zunächst wenig im Sinn. Er beendet seine Buchdruckerlehre, verlässt aber das Elternhaus und verdingt sich an den Provinztheatern mehrerer norddeutscher Städte als Schauspieler. Wie sich bald zeigt, entwickelt der „Herr Flodoardo aus Berlin", wie sich der frühzeitig zur Selbstdarstellung neigende junge Mann nennt, keinen großen Ehrgeiz, sich als Mime künstlerisch zu vervollkommnen. Endpunkt dieser fraglichen Karriere ist das Liebhabertheater „Lätitia", das spätere „Vorstädtische Theater" am Rosenthaler Tor, das Litfaß zusammen mit Freunden gründet, um hier noch einige Jahre als Laiendarsteller aufzutreten.

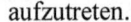

Hauptamtlich ist Ernst Litfaß (s. Bild) nun in der stiefväterlichen Druckerei tätig. Für seine Absicht, ein bürgerliches Leben zu führen spricht überdies, dass er im Jahre 1840, mit 24 Jahren, eine Familie gründet. Er heiratet die Gastwirtstochter Alexandrine Emilie Adelheit Wersig, und noch im gleichen Jahr kommt eine Tochter auf die Welt.

Ganz ohne künstlerische Betätigung geht es indes nicht. Litfaß gibt zwischen 1841 und 1845 das „Declamatorium" heraus, das belanglose, unterhaltsame Beiträge – darunter eigene - enthält und viele Kunden gewinnt. Außerdem beabsichtigt er, die Grabinschriften von 26 Berliner Kirchhöfen zu dokumentieren und ersucht König Friedrich Wilhelm IV. um finanzielle Unterstützung. Da diese verweigert wird, bleibt es bei einem ersten Band, der den Dom-Kirchhof zum Gegenstand hat. Immerhin gebührt Litfaß das Verdienst, das historisch erste Verzeichnis Berliner Grabstätten vorgelegt zu haben.

Im Jahre 1846 unterliegt der Stiefvater einem Nervenleiden. Ernst Litfaß übernimmt das im Jahr davor erworbene Geschäft und sorgt dafür, dass für das Publikum bald Name und Unternehmen wechselseitig füreinander stehen. Das Haus Adlerstraße 6, gelegen am Schenkelpunkt dieser V-förmig verlaufenden Verkehrsverbindung, seit 1862 (und bis zur Enteignung durch die Reichsbank um

1920) im Besitz der Familie, beherbergt nun bald die in Preußen damals modernste Drucktechnik. Litfaß legt eine große Sammlung von Holztypen an, stellt auf Schnellpressen um und führt nach französisch-englischem Vorbild den Buntdruck ein. Aus der Druckerei Litfaß kommen bereits 1849 die ersten überdimensionalen Plakate mit einem Format von 20 x 30 Fuß, was 6,28 x 9,42 Metern entspricht.

Ernst Litfaß übernimmt die Geschäfte in politisch unruhiger Zeit. Der bürgerliche Unternehmer setzt sich für liberale Reformen ein. Hauptschuldiger der Mißstände ist für den „königstreuen Demokraten"[1] der allmächtige Adel, nicht der König. Die Lösung sieht er in einer konstitutionellen Monarchie.

Einige der vielen Journale, Zeitungen und Flugschriften, die in den Revolutionsjahren 1848/49 zirkulieren, kommen aus dem Druck- und Verlagshaus Litfaß. In Form des „Berliner Krakehler" gibt Ernst Litfaß eine auflagenstarke politisch-humoristische Zeitschrift heraus, die indes bereits nach einem halben Jahr verboten wird. In mehreren wohl selbstverfassten Flugschriften fordert Litfaß grundlegende politische Veränderungen, u. a. in dem Blatt „Öffentliches Gericht über die sieben Minister und ihre 142 Diener" den Rücktritt sowohl der Regierung als auch der unfähigen Abgeordneten. Immer schwingt zugleich die Sorge mit, dass die revolutionären Verhältnisse in Anarchie umschlagen könnten.

Das Gleichgewicht zwischen Geschäft und Politik verliert Litfaß zu keiner Zeit aus dem Auge, und es gelingt ihm – zumal unter dem Druck der Reaktionszeit in den fünfziger Jahren -, beide Seiten mehr denn je in Einklang zu bringen. Aus dem bunten Bild seiner nun weitgehend unpolitischen verlegerischen und Druckerzeugnisse seien genannt: Die Theaterzettel der Berliner Theater, Übersichtspläne und Touristenführer, Universalratgeber durch die Pariser Ausstellung, Übersichtsplan der Plätze im Opernhaus, „Regelgerechte Fahrkunst oder gründliche Anleitung zum Fahren und Einfahren junger Pferde", der 1851 gegründete „Tagestelegraph", eine Zeitung, die neben Hinweisen auf Theater, Konzerte, Amüsements, Restaurants und Einkäufe einen großen Werbeteil enthält. Im Jahre 1856 besorgt Ernst Litfaß den letzten Band (Nr. 242) der „Krünitzschen Enzyklopädie", ein 1773 begonnenes Werk, das bereits der Vater Gregorius Litfaß herausgegeben hatte. Zur Verbesserung der Geschäftsabläufe führt Litfaß im Jahre 1855 den elektrischen und 1868 den pneumatischen Telegrafen ein.

Litfaß ist immer auf der Suche nach neuartigen Möglichkeiten zur Werbung, die damals in Preußen noch in den Kinderschuhen steckt. Für eine revolutionierende Neuerung erhält er den entscheidenden Impuls in der französischen Hauptstadt, die er im Frühjahr 1854 besucht. Im Sommer des gleichen Jahres leitet Litfaß dem Polizeipräsidenten von Berlin, Karl Ludwig von Hinckeldey seinen Plan zur Aufstellung von Anschlagsäulen nach Pariser und Londoner Vorbild zu. Noch im gleichen Jahr kommt es zwischen beiden Seiten zu einem

---

[1] Barbara Keller, Ernst Litfaß – eine Legende. In: Stadtmuseum Berlin, Ernst Litfaß (1816 – 1874) Bestandskatalog des Nachlasses, Berlin 1996, S. 13

Vertrag, wonach Litfaß für die Dauer von 15 Jahren die Erlaubnis zur Errichtung und Nutzung von 150 Säulen erhält, die nach Ende dieses Zeitraums in das Eigentum des Polizeipräsidiums übergehen sollen.

Später kommen weitere 50 Säulen hinzu, und die Konzession wird 1870 um zehn Jahre verlängert. Die Kombination einiger dieser Säulen mit „Urinoirs", wie sie der Magistrat vorschlägt, lehnt Hinckeldey ab. Der Polizeipräsident erkennt in den Säulen ein Hilfsmittel, das Plakatwesen zu regulieren und unter Kontrolle zu bringen, was mit dem bisherigen, zwar verbotenen aber dennoch praktizierten wilden Kleben an Hauswänden, Mauern, Zäunen oder Bäumen kaum möglich ist.

Gegen den Widerstand eines Teils der Öffentlichkeit, die nicht ohne Grund die freie Meinungsäußerung in Form des wilden Plakatierens gefährdet sieht oder das Nachäffen Pariser Verhältnisse ablehnt, werden die Säulen in den Jahren 1854/55 platziert.

Ein Werbeblatt in Form einer Lithographie, veröffentlicht im April 1855, zeigt das Muster einer solchen Säule in ihrer von den Behörden genehmigten Gestalt vor dem Litfaßschen Haus Adlerstraße 6.

Polizeipräsident Hinckeldey lässt es sich nicht nehmen, im Juni 1855, begleitet von Branddirektor Scabell und zweier Regierungsräte die bereitstehenden Säulen zu besichtigen. Zuvor hat er bereits die Anschlagsformate und die Preise, die Litfaß je Plakat verlangen darf, festgelegt. Auch die Uniformen samt Dienstnummer der Zettelanschläger liegen für die „Anschlagspediteure" bereit.

Als Tag der öffentliche Einweihung der Säulen ist der 1. Juli 1855 vorgesehen. In der Nacht davor wird die Stadt von unzähligen, mit Schrubber und Bürste ausgestatteten Gestalten buchstäblich gewaschen. Dazu die Spenersche Zeitung:

„Mit dem 1. Juli ist der Residenz hinsichtlich ihres Plakatwesens eine neue Verbesserung zu Teil geworden. Noch um 10 Uhr des letzten Juniabends verunzierte das alte Anschlagsystem Brunnen, Bäume und Straßenecken, und um 4 Uhr des anderen Tages war auch jede Spur davon verschwunden. Es hatte große Mühe verursacht, diese fast versteinten Überreste, namentlich an den Königskolonnaden, in einer Nacht zu beseitigen, und waren beispielsweise 150 Männer nur mit dem Reinigen der Bäume Unter den Linden beschäftigt gewesen." [2]

Die Gebühren, die der vom Volk bald zum „Säulenheiligen" ernannte Litfaß für das Plakatieren erhebt, erweisen sich als gutes Geschäft. Eine Zeitung schätzt damals die Einnahmen auf 2.500 bis 3.500 Taler jährlich. Auf den Säulenplakaten findet jeder Berliner etwas Interessantes, vom Theaterplan, den Ankündigungen von Gastspielen, Bällen, Tanzkränzchen oder Feuerwerken bis zur Reklame für „Prima Ware" und den Anzeigen, die den Verlust des Dackels, des Regenschirms oder der Schmuckschatulle betreffen. Litfaßsäulen stehen bald in allen deutschen Städten.

Versuche, die Plakattaxe zu unterlaufen, indem auf dem vorgeschriebenen Format mehrere Einzelannoncen untergebracht werden, beantwortet Litfaß mit einem neuen rentablen Einfall. Täglich erscheint in seinem Verlag eine „Adreß-

---

[2] Zit. n.: Winfried Löschburg, Spreegöttin mit Berliner Bär, Berlin 1987, S. 222-223

Karte" voller Annoncen für Geschäftsleute, die er überall, wo viel Publikum verkehrt, in Hotels, Gaststätten, Läden oder Bahnhöfen auslegt.

Probe-Reklamesäule vor dem Haus Adlerstraße 6. Lithografie von F. G. Nordmann

Die sechziger Jahre stehen für den wohlhabend gewordenen Ernst Litfaß im Zeichen einer gewissen Umorientierung. Geschäftlich steht nun die Konsolidierung im Vordergrund. Im Jahre 1863 investiert er in ein neues Druckgebäude, er führt die Dampfkraft ein, und das Geschäftsgebäude erhält einen Aufzug. Im Jahr zuvor erwirbt er das Haus Adlerstraße 6, in dem die Litfaß` schon seit mindestens 1812 wohnen.

Vor der Litfaßsäule während des Krieges 1870. Zeichnung von L. Löffler

Ein Großteil seiner Bemühungen richtet sich nun auf die gesellschaftliche Anerkennung. In wohltätigen und patriotischen Veranstaltungen sieht er das Mittel dazu. Seine Wohltätigkeitsfeste, für die er jeweils eine gehörige Summe Spendengelder einwirbt und teils mit erheblichen eigenen Beiträgen aufstockt, tragen Volksfestcharakter und bringen zehntausende Menschen auf die Beine. Zwei Benefizkonzerte organisiert Litfaß zugunsten des König-Wilhelm-Vereins für die Hinterbliebenen und Verwundeten des Krieges. Dem „Großen Militärkonzert" vom Sommer 1866 in Treptow mit simulierten Bombardements von Schiffen wohnen 50.000 Menschen bei. Den Ertrag des Festes in Höhe von 1.501 Talern überweist Litfaß an den König-Wilhelm-Verein. Kurz danach veranstaltet der inzwischen durch Prinz Adalbert von Preußen zum Mitglied des Zentralkomitees der National-Invaliden-Stiftung Ernannte das „Militär-Ehren-Bankett". Eintausend der 1866 siegreich aus dem Krieg gegen Österreich heimkehrenden Soldaten werden im Friedrich-Wilhelmstädtischen Theater überreichlich mit Speisen und Getränken bewirtet. Die eingeladenen Honoratioren Kanzler Bismarck, Kriegsminister Roon und Prinz Karl vermeiden es, sich unter das rauhe Soldatenvolk zu mischen und lassen sich entschuldigen.

Den deutsch-französischen Krieg von 1870/71 begleitet Litfaß mit weiteren Benefizkonzerten. Originell ist die Veranstaltung „Patriotische Militäraufführungen", zu der der Komponist der „Wacht am Rhein", Karl Wilhelm von

Schmalkalden zum Dirigieren des Konzerts nach Berlin kommt. Der Patriotismus Litfaß' reicht über die Preußischen Grenzen hinaus. Schon im Jahre 1859 lässt er an der Schillerlinde in Dresden-Blasewitz einen Obelisken errichten, zu dessen feierlicher Enthüllung 20.000 Menschen erscheinen. Der Patriotismus des Ernst Litfaß ist mehr als reine Staffage.

Auch das Plakatwesen steht nunmehr stark im Dienst der deutschen Einigungsbestrebungen. Dabei ermöglicht die von Litfaß im Jahre 1869 gegründete Lithographische Anstalt für Plakatbuntdruck nun auch die Herstellung von Mehrfarbdrucken.

Sofort zu Beginn des deutsch-dänischen Krieges 1864, als preußische Truppen in Holstein einmarschieren, bietet Litfaß dem Polizeipräsidenten Otto Friedrich von Bernuth erfolgreich an, Depeschen mit Nachrichten vom Kriegsschauplatz gratis zu drucken und zu verteilen. Gelegenheitsarbeiter, Straßenjungen und verarmte Witwen versammeln sich morgens um zwei Uhr vor dem Haus Adlerstraße 6, dem „Depeschenhaus", zum Empfang der Nachrichtenblätter, die sie in der ganzen Stadt verkaufen. Gleichzeitig statten 25 Zettelanschläger die Säulen mit diesen Papierbogen aus. In den beiden folgenden Kriegen verfährt der Unternehmer mit dankbarer Zustimmung des amtierenden Polizeipräsidenten Wurmb gleichermaßen.

In diesen Jahren könnte Ernst Litfaß, beim Volk zum Reklamekönig aufgestiegen, mit sich und dem von ihm Geschaffenen zufrieden sein. Er ist einer der ersten Unternehmer, der seinen Aufstieg neben Fleiß, Ideenreichtum und herausragendem Organisationstalent auch der Publicity und der Selbstinszenierung verdankt. Litfaß ist ein reicher Mann, der seinen beiden Töchtern neben dem Haus und der Firma 170.000 Taler hinterlassen wird. Der gesellige Familienmensch lebt mit Frau, Töchtern, Schwiegersöhnen und Enkeln gemeinsam in seinem Haus unweit vom Werderschen Markt.

Auch an formalen obrigkeitlichen Anerkennungen fehlt es nicht. Wegen seiner „unverbrüchlichen Treue zum königlichen Hofe" ernennt man Ernst Litfaß im Jahre 1861 zum Kommissionsrat, ein Jahr später befördert ihn Prinz Adalbert von Preußen zu seinem Hofbuchdrucker und König Wilhelm 1863 zum Königlichen Hofbuchdrucker. Die höchste Dekoration erfolgt im Jahre 1867, als ihn der König zum Geheimen Kommissionsrat ernennt. Der unentgeltliche Anschlag von 192 Kriegsdepeschen wird mit dem preußischen Königlichen Kronen-Orden samt den Insignien des roten Johanniterkreuzes gewürdigt. Verwehrt bleibt Ernst Litfaß indes, in die staatstragende Elite aufzusteigen.

Grabmal Ernst Litfaß, Dorotheenstädtischer Friedhof, Chausseestraße, Detail.

Private Schicksalsschläge vergällen dem erfolgreichen Berliner Unternehmer seine letzten Lebensjahre. Zwischen 1866 und 1872 sterben fünf Enkelkinder, 1873 ein Schwiegersohn, noch im gleichen Jahr die Ehefrau Emilie. Den Verlust der Lebenspartnerin verwindet Ernst Litfaß nicht. Sein Leben endet mit 48 Jahren, am 27. Dezember 1874. Das Ehrengrab befindet sich auf dem Dorotheenstädtischen Friedhof in der Chausseestraße, nahe dem Oranienburger Tor.

Heute hat das Stadtmöbel Litfaßsäule seinen Zenit überschritten. Aber es gehört in verringerter Anzahl und modernisierter Gestalt unverändert zum Berliner Stadtbild. Und für jedermann sichtbar gedenkt die Stadt seines Schöpfers. An den Aufstellungsort der ersten Säule, Münz- Ecke Almstadtstraße (damals Grenadierstraße) erinnert seit dem Jahr 2006 ein patinierter Bronzezylinder mit dem Portrait des Ernst Litfaß (s. Bild S. 71). Und ein im Zuge der Neubebauungen südlich vom Hackeschen Markt entstandener Platz ist seit dem Jahr 2011 nach ihm benannt.

5. Der Kaufhaus-Pionier. Hermann Gerson

Was Ernst Litfaß in der Werbung, ist Hermann Gerson für den Handel: Wegbereiter, Schrittmacher, Bahnbrecher für eine unternehmerische Pionierleistung, die weit über den Werderschen Markt und Berlin hinausreicht.

Gerson stammt aus Königsberg in der Neumark, heute Chojna, etwa 18 Kilometer südöstlich von Schwedt an der Oder gelegen. Dort wird er im Jahre 1813 als Hirsch Gerson Levin, Sohn des Kaufmanns Levin Gerson, geboren. Wie viele Juden aus dem Osten zieht es ihn nach Berlin, wo er sich eine Existenz aufbauen will. Im Jahre 1836, ein Jahr nach seiner Ankunft in der Stadt, beginnt er als Hermann Gerson in einem Erdgeschossladen der Königlichen Bauakademie am Werderschen Markt einen Handel in Stickerei, Tüll, Gardinenstoff und „weißen Waaren" – zunächst mit Kompagnon, ab 1839 als Alleininhaber.

Bereits in den vierziger Jahren geht Gerson zur Massenfertigung von Damen- und Herrenmänteln über; er wird zum Mitbegründer des Konfektionsviertels auf dem Werder. Für seinen rasanten Erfolg spricht, dass er sich bereits nach diesen wenigen Jahren mit dem Titel eines Königlichen Hoflieferanten schmücken darf. Von seinem kometenhaften Aufstieg zeugt auch, dass er das schräg gegenüberliegende Haus Werderscher Markt 5, das dem Bankiers Carl Wilhelm Jacob Schultze gehört, für 130.000 Taler ankaufen und 1848/49 umbauen lassen kann – zwölf Jahre nach den ersten geschäftlichen Schritten in Berlin.

Das Straßenkarree Werderscher Markt 5/6, Jägerstraße 37-41, Oberwallstraße 12-16 und Werderstraße 6/5, in dem der neue Firmensitz Gersons das nordöstliche Eckhaus bildet, ist voller pulsierendem Leben.

Im Haus Oberwallstraße 13 befindet sich seit 1815 die renommierte Buch- und Kunsthandlung des akademischen Künstlers Ludwig Wilhelm Wittich, Mitglied des Berliner Künstler-Vereins und des Vereins zur Förderung des Gewerbefleißes in Preußen. Bei Wittich erscheinen wichtige Arbeiten des bei ihm ein- und ausgehenden Karl Friedrich Schinkel, so zwischen 1820 und 1831 die ersten 18 Hefte der „Architektonischen Entwürfe" und von 1819 bis 1824 die fünf Hefte der berühmten Dekorationen für Mozarts „Zauberflöte", Hoffmanns „Undine" und andere Aufführungen der Königlichen Schauspiele. Wittich bringt überdies eine Fülle von Einzelblättern mit Berliner Ansichten nach Zeichnungen von Calau und anderen Malern auf den Kunstmarkt. Ernst Moritz Arndt sowie die Romantiker Achim von Arnim und Clemens Brentano stehen zu Wittich in näherer persönlicher Beziehung. Mit Johann Wolfgang von Goethe unterhält der Verleger und Kunsthändler lange Zeit brieflichen Kontakt. Wittichs Ehefrau Franzisca Dorothea geb. Römer trägt mit dem von ihr begründeten technischen Verfahren zur Herstellung von Stickmustern dazu bei, dass die Kunsthandlung in der Oberwallstraße ein gefragter Mittelpunkt nicht nur der grafischen Kunst, sondern auch für Vorlagen zu geschmackvoller Damen-Handarbeit ist.

Wenige Schritte entfernt lädt in der Jägerstraße 39 der Königliche Hofkonditor J. F. Schauß zu herrlichem Feingebäck und auserlesenen Getränken ein. Die Konditorei, im Jahre 1793 erstmalig erwähnt, ist im damaligen Berlin nicht weniger bekannt als Josty oder Kranzler. Aber sie hat ein Alleinstellungsmerkmal, das der Schriftsteller Adolph Reich in seinem Buch „Berlin, wie es lacht – und lachte" so beschreibt: „Dort findest du die Damenwelt in der ganzen Scala vom rosigen Backfisch bis zur silbergrauen Matrone. Und sie alle huldigen der Göttin des Schweigens; denn sie erscheinen meist allein." [1]

Von der Damenkonditorei mit ihren fehlenden Aschenbechern zurück zum Eckhaus Oberwallstraße 12. Im ersten Stock hat die im Herbst 1847 gegründete „Zeitungs-Halle" ihren Sitz. Das Leseinstitut bietet den gebildeten Kreisen der Stadt in vorzüglich ausgestatteten Räumen, zu denen ein Rauchzimmer und ein Damenzimmer gehören, 700 Zeitungen und Zeitschriften sowie eine stattliche Handbibliothek zur Nutzung. An der Zeitung gleichen Namens arbeitet zeitweilig der junge Theodor Fontane mit. Die Revolutionsereignisse vom März 1848 hinterlassen an diesem Ort ihre deutlichen Spuren. Im Redaktionszimmer der Zeitung verfasst am 8. März ein kleiner Kreis von Bürgern eine für den König bestimmte Adresse, die aber gemäß polizeilichem Verbot nicht persönlich überbracht werden darf, sondern mit der Stadtpost abgeschickt werden muss. Am 18. März sind im Haus Oberwallstraße 12 durch Schüsse in die Fenster die beiden ersten zivilen Opfer der Revolution zu beklagen, ein Mädchen im dritten Stock und der Restaurantwirt der Lesehalle. Letztere wird im November 1848 nach Wrangels Einzug in Berlin geschlossen.

Zur kulturgeschichtlichen Vergangenheit des Häuserkarrees gehört auch die Plahnsche Buchhandlung, Jägerstraße 37, später im Nachbarhaus Nr. 38. Die im Jahre 1825 von Carl Friedrich Plahn gegründete Firma zählt zu den bekanntesten Buchhandlungen in Berlin. Neben dem Sortimentsgeschäft werden hier Schriften der berlinischen Autoren Glasbrenner und Hosemann sowie mehrere Zeitschriften verlegt. - Im Haus Werderscher Markt 6 betreibt F. J. Selke eine „Kunst-, Papier-, Schreib- und Zeichen-Material-Handlung" zu der auch eine französische Leihbibliothek gehört. - Eine gänzlich andere Branche vertritt Heinrich Schuster, der seit 1825 in der Oberwallstraße 13 eine Lampen- und Lackierfabrikation unterhält. - Zu nennen ist schließlich die in der Jägerstraße 40 seit 1820 ansässige Manufakturwarenhandlung von Jérémie Sy, einem Mitglied der Berliner französischen Kolonie. Besondere Würdigung verdient das Eckhaus Jägerstraße 41, die im Volksmund so bezeichnete „gleichgültige Ecke" (s. Epilog).

An der zur „gleichgültigen" diagonal gegenüberliegenden Ecke des Häuserblocks nun also der Geschäftssitz von Gerson.

Der Unternehmer (s. Bild: Hermann Gerson, um 1880) geht das Wagnis eines neuartigen, bisher kaum praktizierten Geschäftsmodells ein. Im Unterschied zu Valentin Manheimer und den anderen Mächtigen vor Ort liefert er nicht an den Großhandel. Die bei Gerson hergestellten Waren gelangen auf anderen Wegen zum Kunden. Ein Teil der Erzeugnisse geht direkt an Einzelhändler. Einer von

---

[1] Zit. n.: Herbert Sommerfeld, Vom Friedrichswerder im 19. Jahrhundert. In: Zeitschrift des Vereins für die Geschichte Berlins, 56. Jg., Berlin 1939, S. 71)

ihnen ist in Fontanes „Stechlin" Baruch Hirschfeld, der in Gransee am Markt den großen Tuchladen besitzt und die Modesachen und Damenhüte führt, von denen es immer hieß, „Gerson schicke ihm immer alles zuerst". [2]

Das Sensationelle am Geschäftsmodell Gersons ist indes etwas anderes: Der unmittelbare Verkauf an den Einzelkunden. Direkte Beziehung zwischen Herstellung und Absatz, dadurch ein beschleunigter Umschlag des eingesetzten Kapitals – das ist das Geheimnis des Erfolgs bei Gerson. Rund 1.500 zumeist in Heimarbeit tätige Schneider, darunter 150 Meister, beliefern ihn. Im Haus selbst arbeiten damals nach unterschiedlichen Angaben zwischen 20 und 40 Näherinnen. In zunächst drei Etagen bietet er Konfektionswaren, darüber hinaus auch Weißwaren, Seidenstoffe, Stickereien, Gardinen und Teppiche an. Damit ist Hermann Gerson der Schöpfer des ersten Kaufhauses von Berlin. Ganz im Sinne der Tradition des preußischen Frühkapitalismus bezieht die Unternehmerfamilie auch ihre Wohnung im Gebäude ein.

Die Öffentlichkeit kommt beim Besuch des damals oft noch als „Magazin" bezeichneten eleganten Modehauses mit den hohen Bogenfenstern und einer mit Vasen geschmückten Dachbalustrade (s. Bild) aus dem Staunen nicht heraus. Voll des Lobes ist etwa der Schriftsteller und Musikkritiker Ludwig Rellstab:

„Die Halle reicht vom Erdgeschoss bis unter das Dach durch drei große Etagen. Sie erhält ihr Licht außer durch Spiegelfenster auch noch von oben, und jedem Bedürfnis an das Material wie an die zuvorkommende Bedienung wird auf das glänzendste entgegengekommen. Abends bei Beleuchtung gleicht dieses Magazin einem Zauberpallast, der mit orientalischem Luxus ausgestattet ist. ... Von dem Umfang der Tätigkeit dieses Magazins und der Ausdehnung der Geschäfte kann man sich einen Begriff machen, wenn man weiß, daß e t l i c h e u n d a c h t z i g Personen beim Verkauf, der Buchführung und Austragung der Waaren, angestellt sind. Das Etablissement zählt allein 14 Hausknechte, 6 Buchhalter, gegen zwanzig verkaufende, und eben so viel arbeitende junge Mädchen. Es kann eigentlich ein Aggregat von Kaufläden, die sämmlich in Gehäuse geschachtelt sind, genannt werden. Man steigt auf eleganten Treppen des Innern des Hauptraums, (ein mit Glas überdeckter Hof), zu den einzelnen Läden, die

---

[2] Theodor Fontane, Der Stechlin, Berlin 1986, S. 39

wie Theaterlogen eingerichtet sind, hinauf. Aus e i n e m gewissen Standpunkte sind alle zugleich zu übersehen. Hier schaut man ein Teppichmagazin, dort eine Putzhandlung, hier Seidenstoffe, dort nur verarbeitete Kleidungsstücke, u.s.w. In allen Waaren findet man hier das Neueste, Glänzendste und, die reichste Auswahl; in Modesachen ahmt das Magazin nicht bloß neueste Pariser Modelle nach, sondern geht selbst e r f i n d e n d voran, und s e i n e Modelle werden in Paris und London nachgeahmt. Ein eigenes, Tag und Abend nur von Lampenlicht erhelltes Cabinet mit Spiegeln, dient den Damen, die am Tage ausgewählten Stoffe, auch in ihrer Wirkung bei Abend zu prüfen. Von den jungen Mädchen, verschiedenartig in der Größe und Figur, in der Farbe des Haares, sind immer einige bereit, sich mit den farbigen Mänteln, Shawls, Kopfputz u.s.w. selbst zu drappiren, damit der Käufer oder die Käuferin auch die Wirkung eines Kleidungsstücks an einer Person ähnlicher Größe, Haarfarbe u.s.w. wie die, für welche es bestimmt ist, beurtheilen kann. – Abends ist das Etablissement von über hundert Gasflammen in geschmackvollen Ampeln und Glaskugeln glänzend beleuchtet. In Stoffen führt es jede Waare, von der gewöhnlichsten Gattung bis zur theuersten, so daß auch der Bauer und Handwerker hier kaufen kann, und, wie es bei solchen Geschäften im Großen allein möglich ist, hier sogar wohlfeiler zum Zwecke kommt, als in den kleinen Läden. Auch rühmt man es allgemein, dass jedem Käufer, auch dem geringsten hier die aufmerksamste und

freundlichste Behandlung zu Theil wird, … Sechs Brüder sind es, die dieses ungemein große Geschäft (das freilich auch viele andere bisher regsam betriebene verschlingt) gemeinsam unternommen haben." [3]

Soweit Rellstab. Robert Springer widmet in seinem Buch „Berlin wird Weltstadt" (um 1886) ein ganzes Kapitel „Gersons Magazin zu Weihnacht" und meint, dass bei so viel Glanz, Reichtum, Pracht und Verschwendung ein Silbergroschen so viel gelte wie ein Hobelspan beim Bau eines Palastes. Ludwig Löffler beruhigt in seinem Büchlein „Berlin und die Berliner" (1856) den Neugierigen, aber Kaufunlustigen, man könne das weitläufige Gebäude genauso ungehindert verlassen, wie man es betreten habe, „wenn man nicht gerade die Kaufmiene angenommen, die von dem erfahrenen Kommis-Physiognomisten sofort verstanden wird." Der russische Schriftsteller Michail Saltykow-Schtschedrin, ohnehin kein Freund der Hauptstadt, verspottet in seiner „Reise nach Paris" (deutsch 1958): „Die Tulaer Damen, die bei dem bloßen Gedanken, ihre Garderobe in Berlin aufzufrischen, aufkreischten, tragen einen ganz unzweifelhaften Gerson für einen ganz zwei-

---

[3] Ludwig Rellstab, Berlin und seine Umgebung um die Mitte des 19. Jahrhunderts, Berlin 1854, Reprint 1993, S. 36, 98-99

felsfreien Worth (führendes Pariser Modehaus – H. Z.), wenn ihnen dieser Gerson im Damenschneidergeschäft von Strachow ... auf Kredit angeboten wird." Die Kunden strömen ins Kaufhaus, aber das Kaufhaus kommt auch zum Kunden. In Fontanes „Stechlin" empfangen die gräflichen Schwestern Melusine und Armgard Barby, wohnhaft am Kronprinzenufer, Alsenviertel[4] den „Gersonschen Livreediener mit einem in einen Riemen geschnallten Karton", der Hüte zum Anprobieren enthält. Die Damen entscheiden sich für je eine der fantasievoll ausgestatteten Kreationen.

Der „Modebazar Gerson & Comp." braucht mit seiner exklusiven, aber teuren Damenmode den internationalen Vergleich nicht zu scheuen (s. Werbeanzeige, um 1890). Die Königs- und Kaiserhäuser von Preußen und später Deutschland, von Rußland, Großbritannien und Irland, von Schweden und Norwegen gehören zu seinen Kunden. Einer der Aufträge ist 1861 der Krönungsmantel für König Wilhelm I.

Im 48. Lebensjahr, 1861, stirbt Hermann Gerson. Er wird auf dem jüdischen Friedhof in der Schönhauser Allee, Berlin–Prenzlauer Berg beigesetzt. Seine Brüder, später deren Familien und Vertraute, führen die Geschäfte weiter. Und diese laufen so gut, dass man nach Erweiterungen des Angebots, verbunden mit Möglichkeiten räumlicher Expansion, Ausschau hält. Bereits in den sechziger Jahren hatten die Brüder das Stammhaus um eine Etage aufgestockt. Nun konzentriert sich das Interesse auf das 1873/74 von den Architekten N. Becker und E. Schlüter im Auftrag der Aktiengesellschaft Baubank

---

[4] vgl. Helmut Zschocke, Geheimnisvolles Alsenviertel am Bundeskanzleramt, Frankfurt am Main 2017

Metropole ausgeführte Geschäftshaus Werderstraße 10-12, Unterwasserstraße 1. Hier, wo Heese in eigenen, nun abgetragenen Häusern seine in Raules Hof hergestellten Seidenwaren feilgeboten hatte, mietet sich die Firma Gerson um 1880 im Erdgeschoss und den beiden darüber liegenden Etagen ein. Im Jahre 1889 kommt das Haus Werderstraße 9 zu den inzwischen in Eigentum verwandelten Gebäuden hinzu. Alle Geschosse, auch die ursprünglich als Wohnungen vorgesehenen, werden als Kaufhaus hergerichtet. Im Erdgeschoss finden sich Erfrischungsräume für die mittlerweile auf die Anzahl von rund 500 angewachsenen Betriebsangehörigen. Das Haus an der Schleuse, neben der Münze und gegenüber der Bauakademie führt Möbel, Teppiche, Gardinen und überhaupt alles, was zur Ausstattung ganzer Wohnungen und Häuser erforderlich ist. Die Möbel kommen mehr und mehr aus eigenen Werkstätten. Auf Wunsch des Kunden übernimmt die Firma auch das Einrichten der Räumlichkeiten.

Für eine architektonische Attraktion sorgt Gerson nicht nur am Werderschen Markt. In den Jahren 1862 und 1863 erbaut der renommierte Architekt Friedrich Hitzig für Julius Gerson, einen Bruder von Hermann G., im noblen Tiergartenviertel ein repräsentatives Wohnhaus – sehr großzügig konzipiert mit nur einer Zehn-Zimmer-Wohnung pro Etage (s. Bild). Die Situation an der Kreuzung der Bellevue- und Lennéstraße geschickt nutzend, versieht Hitzig die abgeschrägte Eckfront der säulengeschmückten Villa mit einem äußerst augenfälligen halbrunden Vorbau. Nach malerischer Gesamtwirkung und eleganter Durchbildung gehört das Gebäude zu den anmutigsten Schöpfungen diese Viertels.

Nur wenige hundert Meter entfernt besitzen die Gersons außerdem ein von Hitzig bereits Anfang der fünfziger Jahre entwofenes Landhaus, das sie im Sommer beziehen. Beide Häuser fallen später den größenwahnsinnigen Germania-Plänen des Hitler-Architekten Albert Speer zum Opfer.

Für Gerson – übrigens eine der ersten Berliner Firmen mit Telefonanschluss (1881) - bedeutet das Jahr 1888 eine Zäsur. Nach zweiundfünfzig Jahren endet am Werderschen Markt die Epoche Gerson, und es beginnt die Ära Gerson-Freudenberg.

„Im Frühjahr 1888 bitten die Familie Gerson bzw. die ersten Angestellten, die das Unternehmen nun leiten, Philipp Freudenberg, den erfolgreichen Kaufhausunternehmer aus Elberfeld, als Teilhaber in ihr Unternehmen einzusteigen, um sich selbst künftig aus dem Geschäftsleben zurückziehen zu können." [5]

Philipp Freudenberg, geboren 1833, seit 25 Jahren Chef eines Mode-Kaufhauses in der bergischen Metropole, stellt sich der neuen Herausforderung, siedelt mit Frau und den fünf Söhnen nach Berlin um und wird mit Jahresbeginn 1889 Teilhaber des Unternehmens Gerson. Freudenberg (s. Bild von 1908) modernisiert zunächst das Möbelhaus Werderstraße 9-12. Es folgt die wichtige Aufgabe, den Stammsitz am Werderschen Markt 5-6 zurückzuerwerben. Dort

war anstelle des alten, von den Gerson-Erben verkauften Gebäudes von 1849 ein neues großflächiges Kaufhaus namens „Kaiser-Bazar" entstanden, das aber schon nach einem Jahr in Konkurs ging. Ab 1892 ist hier wieder der Sitz der Firma „Hermann Gerson", inzwischen einer Aktiengesellschaft mit einem Kapital von sechs Millionen Mark. Bei einem Jahresumsatz 1894 in Höhe von 16 Millionen Mark und 1.500 Angestellten, darunter 500 im Verkauf, steht das Unternehmen an der Spitze der deutschen Modebranche und in einer Reihe mit den großen Häusern von Paris, London und New York. Das Angebot reicht von Konfektion, Seidenstoffen, Modewaren, Kostümen, Wäsche, Schuhen, Herrengarderobe, Kinderkonfektion und Reiseutensilien bis zu Möbeln, Polsterwaren, Teppichen und Gardinen – alles auch gern auf Kredit.

Freudenberg-Gerson baut weiter aus und um. Ab 1893 reicht der erneut modernisierte Stammsitz am Werderschen Markt bis in die Jägerstraße 37. Den Rest des Karees, die Häuser an der Werderstraße, der Jäger- und der Oberwallstraße mit Ausnahme des – im Volksmund „Berlins gleichgültige Ecke" genann-

---

[5] Gesa Kessemeier, Ein Feentempel der Mode, Berlin 2013, S. 17

ten - Gebäudes am Zusammentreffen der beiden zuletzt genannten Verkehrsverbindungen, übernimmt das Unternehmen bis zum Jahre 1923. Das Möbelhaus nutzt seit 1908 Räumlichkeiten im benachbarten, von Alfred Messel erbauten Werderhaus; seine Adresse erweitert sich auf Werderstraße 7-12. Zuletzt ist die gesamte Südseite der Werderstraße mitsamt ihren vier Ecken - Gerson.

Gerson-Freudenberg, vormals Kaiserbasar. Erbaut 1888. Nächstes Bild: Vor dem Modehaus

Die Ära Freudenberg ist mit wesentlichen – unter den Gersons oft noch am Anfang stehenden - Neuerungen verbunden. Das Unternehmen unterhält internationale Geschäftsbeziehungen nach Paris, London, Lyon und zu deutschen Regionen der Textil- und Bekleidungsindustrie. Besondere Erzeugnisse wie englische Wollstoffe, Damaste, Seiden, Handschuhe, Spitzen u.v.a. werden ohne Zwischenhändler vom Fabrikanten erworben oder bei diesem in Auftrag gegeben. Gerson seinerseits liefert weltweit.

Das in den neunziger Jahren neu entstandene und erweiterte Modehaus Gerson am Werderschen Markt – von den Kunden einige Zeit noch als Kaiser-Bazar bezeichnet - lockt mit 22 Schaufenstern und einem baldachinartigen Eingang. Innen beeindruckt die große glasüberdachte Halle mit ihrer eleganten eisernen Treppe. In drei Etagen werden Waren aus aller Welt angeboten. Es kann auch bestellt werden: Kostüme. Blusen, Sportkleidung, Reisemäntel. Zuschneider und Näherinnen fertigen unter der Aufsicht von Direktricen nach Maß. Das Haus verfügt über einen „Bühnenraum", in dem die Kundin Bekleidung unter wechselnder farblicher Beleuchtung testen kann. Einmalig ist aber wohl der Raum mit einem lebensgroßen Pferd zum Probieren von Reitkleidung im Damensitz. Das Möbel- und Einrichtungshaus setzt Anfang des Jahrhunderts neue Maßstäbe, als es sich von der Vielfalt der traditionellen Stile ab- und der Moderne zuwendet. Dazu arbeitet Gerson mit dem 1907 gegründeten „Deutschen Werkbund" zusammen, der ganz im Sinne des Hauses für technisch und ästhetisch hochwertige Qualitätsprodukte bei Möbeln und Inneneinrichtung steht. Besonders enge Kontakte bestehen zum zweiten Vorsitzenden des Werkbunds, Hermann Muthesius. Die Orientierung in Richtung Moderne wird auch in der Art des Umbaus des Gebäudes erkennbar. Die Umwandlung der Eingangshalle von barocker Pracht in sachlich nüchterner Eleganz durch Alfred Mohrbutter im Jahre 1908 löst laut einer Fachzeitschrift ein durch „wenige Farbtöne" angereichertes „weißes Leuchten" aus, das „gleich einer leichten Melodie den Raum erfüllt".[6]

Wenn es gilt, neue Geschäftsideen zu finden und zu verwirklichen, ist Gerson dabei – und oft schneller als die Konkurrenz. Auf der Berliner Gewerbeausstellung des Jahres 1898 präsentiert er sich als königlich-kaiserlicher Hoflieferant in einem eigenen luftigen Pavillon mit Abendroben, Tageskleidern und Straßenkostümen. In eigenständigen Pavillons zeigen sonst nur Firmen oder Erfinder aus der Metallverarbeitung ihre neuen Entwicklungen: Siemens & Halske, AEG, Edison, Carl Zeiss, Wilhelm Conrad Röntgen. Zu einer – in Paris längst gängigen – Sensation in Berlin kommt es, als Gerson Modellkleider von Mannequins vorführen lässt und damit die Modenschau nach Deutschland holt. Ein weiterer gesellschaftlicher Höhepunkt, den sich auch Kronprinz Wilhelm nicht entgehen lässt, sind die Automobilausstellungen mit

---

[6] Innen-Dekoration, Darmstadt 12/1908. Zit. n.: Gesa Kessemeier, a. a. O., S. 27

echten mittels Lastkähnen in das Haus beförderten Fahrzeugen und dazu passender Automobilkleidung.

Der Seniorchef Philipp Freudenberg gilt als Mann von untadeligem Lebenswandel, der neben seinem beruflichen Erfolg durch finanzielle Zuwendungen das Gemeinwohl stärkt. Er ist Mitglied der „Gesellschaft der Freunde, eines jüdischen Wohltätigkeitsvereins mit kulturellem Schwerpunkt, der nach 1880 inoffizielles Zentrum der Berliner Wirtschafts- und Finanzelite war." [7] Er gehört der Berliner Kaufmannschaft an, ist Förderer der Lehranstalt für die Wissenschaft des Judentums und der Moses-Mendelssohn-Stiftung. In seinem Heimatort Bödefeld stiftet er mehrfach größere Beträge für den Neubau der katholischen Pfarrkirche.

Möbelhaus Gerson, Werderstraße 9-12, 1896. Nächstes Bild: Eingangshalle des Möbelhauses Gerson. 1908

Philipp Freudenberg wird 1899 zum Kommerzienrat ernannt; seit 1911 trägt er den Ehrentitel Geheimer Kommerzienrat. Seine beiden Söhne Hermann und Julius, die dem im Jahre 1919 hochbetagt Verstorbenen als Geschäftsführer nachfolgen, die Grundstücke am Werderschen Markt im Gesamtwert von 8,5 Millionen Mark erben, ihren Vater allerdings nur um fünf bzw. acht Jahre überleben,

---

[7] Sebastian Panwitz, Die Gesellschaft der Freunde (1792 – 1935), Hildesheim 2007. Zit. n.: Gesa Kessemeier, a. a. O., S. 30

zeichnen sich ebenfalls durch ehrenamtliche, mäzenatische und andere gesellschaftliche Aktivitäten aus.

Besonders der im Jahre 1868 geborene Hermann Freudenberg hat einen ausgeprägten Mode- und Kunstsinn, der sowohl im originellen, bei der Kundschaft immer wieder Überraschung auslösenden Angebot des Bekleidungs- wie des Möbelhauses als auch in der Gestaltung seiner privaten Umgebung zum Ausdruck kommt. Sein Hauptpartner ist dabei der bereits genannte Hermann Muthesius vom Deutschen Werkbund, der - zusammen mit seiner Frau - nicht nur auf die Schaffung künstlerischer Modelle weiblicher Reformkleidung Einfluss nimmt und es auch nicht bei der Kreation revolutionierender Ideen zur Wohnungs- und Gebäudeeinrichtung für Kundschaft und Eigenbedarf belässt. In den Jahren 1907/08 errichtet er für Hermann Freudenberg nahe der Villenkolonie Nicolassee an der Potsdamer Chaussee 48 das eindrucksvolle „Haus Freudenberg", heute „Nicolashof". Das nach der Devise Übereinstimmung von Zweck und Form konzipierte englische Landhaus ist mit 32 Zimmern, darunter mehrere für Kinder und Gäste, ausgestattet und bietet im Empfangsraum Platz für Matisse, van Gogh, Slevogt, Liebermann, Pechstein, Pisarro und die sonstigen Werke der wertvollen Galerie des Hausherrn.

Ab 1928, nach dem Tod der beiden Eigentümer, übernehmen Georg Freudenberg, Sohn von Hermann F. sowie die mit zwei Schwestern Freudenberg verheirateten Brüder Hermann und Rudolf Mayer die Leitung des Hauses Gerson. Zu diesem Kreis gesellt sich Regina Freudenberg, Witwe von Julius F. Neben weiteren Auf- und Anregungen aus dem Reich der Mode, neben der Exposition von historischen Möbeln in den Geschäftsräumen, neben der Beteiligung durch Bilder-Leihgaben an Ausstellungen löst in diesen Jahren ein innenarchitektonisches Großprojekt allgemeine Aufmerksamkeit aus. Das Möbel- und Einrichtungshaus beteiligt sich zwischen 1926 und 1928 an der Umgestaltung des „Haus Vaterland", Berlins größtem Vergnügungszentrum mit zahlreichen originellen Gaststätten am Potsdamer Platz. Die allseits hochgeschätzten Werkstätten des Hauses Gerson, die sich übrigens in der Kadiner Straße, damaliger Stadtbezirk Friedrichshain, befinden, geben der Eingangshalle, dem Kino und dem türkischen Café ein neues Aussehen.

Die im Jahre 1929 einsetzende Weltwirtschaftskrise bringt auch die Firma Hermann Gerson in schwere Bedrängnis. Offene Rechnungen in Millionenhöhe sind angefallen. Im Juni 1932 muss sie ein „Vergleichsverfahren zur Abwendung des Konkurses" durchlaufen. Es gelingt, das Verfahren bereits nach wenigen Wochen abzuwenden. Begünstigend auf Geschäftspartner und Gläubiger wirken der gute Ruf der Marke, besonders aber die Sicherheiten der privat haftenden Familie Freudenberg in Form der Geschäfts- und Privatgrundstücke mit einem Wert von weit über 10 Millionen RM sowie der umfangreichen Gemäldesammlungen. Gerson kann gerettet werden; andere Unternehmen der Modebranche wie die traditionsreiche Firma Valentin Manheimer überleben nicht.

Die Gefahren der großen Krise können noch abgewendet werden. Gegen die 1933 durch die NS-Machthaber eingeleitete sog. Arisierung sind die Freudenbergs jedoch machtlos. Es beginnt am 1. April 1933 mit dem Boykott jüdischer Geschäfte, setzt sich mit Schikanen wie der Verdoppelung der Gewerbesteuer, Behinderungen bei Warenbestellung und Kreditgewährung, der Kontrolle durch „kommissarische Betriebsführer" oder dem Verbot für NSDAP-Mitglieder, in jüdischen Geschäften einzukaufen, fort und endet mit Zwangsverkäufen zu ungünstigen Konditionen. Das Haupthaus am Werderschen Markt schließt im Jahre 1934. Offiziell erlischt die Firma 1938.

Die „Arisierung" bringt das Unternehmen 1936 in die Hände der Gebrüder Horn aus Kiel. Noch mehrere Jahre belassen es die neuen Eigentümer beim weltbekannten Firmennamen Gerson. Geschäftsbriefe tragen die makabre Unterzeichnung „Mit deutschem Gruß, Hermann Gerson", eine ungewollt nachträgliche Verbeugung vor der Leistung der jüdischen Unternehmer.

Für die Freudenbergs und ihre Verwandten wie alle jüdischen Deutschen beginnt 1933 eine schlimme Zeit. Einige Mitglieder der Großfamilie emigrieren frühzeitig nach Palästina. Andere gehen nach Frankreich, Belgien oder Holland; von ihnen werden einzelne nach der deutschen Besetzung nach Auschwitz deportiert und ermordet. Tragisch ist auch das Schicksal von Helene Freudenberg, Tochter von Julius F. und ihres Mannes Hermann Mayer. Sie emigrieren Ende 1934 in die Niederlande und wirken dort, langjährige Kontakte und Erfahrungen nutzend, weiter in ihrer angestammten Branche. Nach der deutschen Besetzung im Mai 1940 und vor den beginnenden Deportationen erleiden die Juden in Holland all die in Deutschland üblichen Diskriminierungen, die hier bis zur Zwangseinweisung in ein Amsterdamer Ghetto reichen. Eine Atempause kann sich das nunmehr staatenlose Paar Ende 1942 dadurch verschaffen, dass es formal die Staatsbürgerschaft von El Salvador erlangt. Dennoch folgt im Mai 1944 die Deportation ins Lager Bergen-Belsen. Dort erliegt Hermann Mayer den durchlittenen Strapazen. Helene Freudenberg stirbt im Mai 1945 im sächsischen Riesa nach der Befreiung eines für Theresienstadt bestimmten Transports durch die Rote Armee.

Zwei mit Text und Bildern ausgestattete Tafeln am Ort des einst baldachinüberdachten Eingangs zum Modehaus zeugen heute vom einhundertjährigen Wirken des Unternehmens Hermann Gerson, seiner Eigentümer und leitenden Persönlichkeiten. Die Firma prägte das Leben am Werderschen Markt wie keine andere.

6. Als Finanz-Autorität unantastbar? Hjalmar Schacht

Seit dem 22. Dezember 1923 hat das prächtige Reichsbankgebäude in der Jägerstraße einen neuen Hausherrn, Dr. phil. Horace Greeley Hjalmar Schacht (s. Bild), geboren 1877 in Tingleff, Nordschleswig, als Sohn des deutschen Kaufmanns William Leonhard Ludwig Maximillian Schacht und dessen dänischer Ehefrau, Baronin Constanze Justine Sophie von Eggers.

Die bisherige Karriere des neu ernannten Präsidenten der Reichsbank kann sich sehen lassen. Bereits mit 24 Jahren erlangt er eine führende Position im 1901 gegründeten Handelsvertragsverein, einem den Freihandel befürworteten Zusammenschluss von Banken und ausfuhrorientierten Industrieunternehmen, der sich als politisches Gegengewicht zur Schwerindustrie und der auf Schutzzölle setzenden Agrarlobby versteht.

Zwei Jahre später hat er es bei der Dresdner Bank, einem der größten deutschen Geldinstitute, bereits zum Chef des volkswirtschaftlichen Büros und zum Leiter der Presse- und Öffentlichkeitsarbeit gebracht. Weitere drei Jahre danach ist er in die Filialverwaltung der Zentrale aufgerückt und einer der Bankdirektoren.

Die Bankabteilung der deutschen Zivilverwaltung im besetzten Belgien Anfang des Ersten Weltkriegs ist Schachts nächster Wirkungsbereich. Im privaten Bankwesen kennt er sich aus; nun geht es um Geldemission und Zentralbankpolitik. Die neuen Erfahrungen der Leitung einer Notenbank sollten sich bald bezahlt machen.

Im Jahre 1915 beginnt ein langer Zeitraum, in dem der Wirkungsbereich Hajlmar Schachts regional eng mit dem Werderschen Markt verbunden ist. Der Bankier erhält das Angebot, in den Vorstand der Nationalbank einzutreten. In diesem Institut, das später, Anfang der zwanziger Jahre mit der Darmstädter und Nationalbank (Danat-Bank) zur viertgrößten Berliner Bank fusioniert, trägt Schacht – zuständig für das Konsortial- und Kreditgeschäft - die Verantwortung für Millionenbeträge. Mit den bekanntesten Großunternehmen verkehrt er auf Augenhöhe. Der 39 Jährige hat den Höhepunkt seiner Karriere im privaten Bankgeschäft, verbunden mit einem hohen Grundgehalt, mit Gewinnbeteiligung und den Tantiemen aus 70 Aufsichtsmandaten, erreicht. Zum sozialen Status passt adäquat der Wirkungsort, das standesgemäße Büro in einem repräsentativen Bankpalast am Schinkelplatz zwischen Bauakademie und Kommandantenhaus.

Darmstädter und Nationalbank am Schinkelplatz. 1925

Nach acht Jahren Danatbank folgt der Wechsel auf die andere Seite des Werderschen Markts als Reichsbankpräsident „auf Lebenszeit" mit einem Jahresgehalt von 200.000 Mark. Davor liegen im Spätherbst 1923 einige Tage im Reichfinanzministerium, Wilhelmstraße, als Reichswährungskommissar, ein Amt, das ihm Kanzler Stresemann persönlich anvertraut. Im Verlauf dieser kurzen Tätigkeit managt Schacht den Übergang von der inflationierten Papiermark in die Rentenmark (1.000.000 : 1) und entscheidet, den Dollarkurs auf 4,20 RM festzulegen.

Mit der Reichsbank hat Schacht Büro und Wohnung unter einem Dach, was Vor- wie Nachteile birgt. Die Dienstwohnung mit Blick auf die Oberwallstraße lässt nach Größe und Ausstattung wenig zu wünschen übrig. Neben den von der Familie ständig genutzten Räumen gibt es einen Damensalon, ein Herrenzimmer und einen großen Empfangssalon. Überall wertvolle antike Möbel und kostbare Gobelins, die indes die Privatheit eines Eigenheims nur schwer aufkommen lassen. Hinzu kommt, dass unter diesen Bedingungen Arbeit und Freizeit kaum zu trennen sind; zwischen den Empfängen im Kaisersaal und der Abendeinladung von Ministern, Bankiers oder Botschaftern in die Wohnung liegt räumlich gesehen nur eine Tür.

Im Jahre 1926 erwirbt Hjalmar Schacht von Friedrich Graf Eulenburg das Gut Gühlen bei Lindow, ca. 70 Kilometer nördlich von Berlin. Mit diesem Rückzugsort sucht er die in Berlin fehlende Privatheit auszugleichen. Die Wochenenden und den Urlaub verbringt die Familie nun hauptsächlich in Gühlen (Bild: Hjalmar Schacht mit erster Frau und Sohn).

In seiner neuen Tätigkeit als Präsident der Reichsbank tritt Schacht alsbald mit Maßnahmen in Erscheinung, die in der Wirtschaft zunächst wenig Zustimmung finden. Um die Inflation zu stoppen, drosselt er im April 1924 unter dem Protest der Wirtschaftsverbände die Kreditvergabe. Das von letzteren an die Wand gemalte Gespenst einer Rezession bleibt jedoch aus. Zur Sicherung ihrer Zahlungsfähigkeit sehen sich die Unternehmen gezwungen, ihre Devisenreserven in Höhe von mehreren hundert Millionen Mark an die Reichsbank zu veräußern. Der Preisauftrieb kommt zum Stillstand, und die Reallöhne steigen im zweiten Quartal 1924 spürbar. Die Schere zwischen Ein- und Ausfuhren schließt sich. Der Stabilisierungsprozess hat allerdings seinen unumgänglichen Preis in Form von Massenkonkursen. Außenpolitisch wird das Handeln von Reichsregierung und Reichsbank stark durch die Reparationsforderungen der Siegermächte im Rahmen des Dawes- und des Youngplans bestimmt. Diese überdimensionierten Ansprüche sind – bei allen ausverhandelten Stundungen - grundsätzlich nicht mit dem Reichsbankziel der Währungsstabilität zu vereinbaren. Vor diesem Hintergrund ist es wohl mehr die Erwartung von Machtzuwachs als die Hoffnung auf nachhaltige Erleichterungen für den Schuldner Deutschland, die Hjalmar Schacht im Januar 1929 den Regierungsauftrag zur Leitung der deutschen Delegation bei den Pariser Verhandlungen zum Youngplan annehmen lässt. Es besteht für Schacht umso weniger Grund zu Illusionen, als er die Reichsregierung für unfähig hält, ihre defizitäre Haushaltspolitik zu beenden. In der Folgezeit kommt es, völlig ungewöhnlich für einen Reichsbankpräsidenten, zu öffentlich und lautstark geäußerter Kritik Schachts an vielen Maßnahmen der Kabinette Stresemann und Müller. Sie dient Schacht auch als Alibi für die Zurücknahme seiner Unterschrift unter dem – maßgeblich selbst ausgehandelten - Youngplan. Am 7. März 1930 tritt Schacht als Reichsbankpräsident zurück.

Die praktischen Erfahrungen, die der Politiker Schacht in der Weimarer Republik mit dem Funktionieren der für Deutschland historisch ersten Demokratie macht, sind nicht geeignet, aus ihm einen überzeugten Republikaner zu machen. Da er nach der Revolution von 1919 sein Traumziel einer konstitutionellen Monarchie zu Recht für nicht realisierbar hält, wandelt er sich zum „Vernunftrepublikaner mangels Alternative" (Christopher Kopper). Zusammen mit seinen Parteifreunden der Deutschen Demokratischen Partei (DDP) geht es ihm darum, die absolute Mehrheit der Linksparteien SPD, USPD und KPD zu verhindern. Eine stabile parlamentarische Demokratie und eine liberale Wirtschaftsordnung hält er am ehesten für geeignet, seine politischen und persönlichen Ziele zu verwirklichen. Beides erreicht indes vor dem Hintergrund von Parteienstreit und gegenseitigem Blockieren nicht entfernt jene Vollkommenheit, die dem Reichsbankpräsidenten vorschwebt.

Schacht kollidiert indes auch wegen seines egozentrischen Wesens zwangsläufig mit den Verhältnissen. Durchdrungen von einem finanzpolitischen Sendungsbewusstsein, sieht er sich als unfehlbaren und unverstandenen Experten, der sich in ständiger Auseinandersetzung mit den Unvollkommenheiten der gesellschaftlichen Umgebung befindet. Gut verbürgt ist sein selbstbezogener Ausspruch: „Leute, die immer Recht haben, haben es auch immer schwierig." [1]

Als Reichsbankpräsident im einstweiligen Ruhestand trennt sich Schacht nicht nur von seinem Büro am Werderschen Markt, sondern auch von der Dienstwohnung. Doch letzteres wird von der Familie nicht als Verlust empfunden. Voll-

---

[1] Christopher Kopper, Hjalmar Schacht. Aufstieg und Fall von Hitlers mächtigstem Bankier, München 2010, S. 112

wertigen Ersatz bietet eine neu angemietete Stadtwohnung in Charlottenburg; im Übrigen verbringt man mehr Zeit als bisher auf Gut Gühlen. In Ermangelung von Dienstwagen und Chauffeur kauft sich Schacht einen kleinen DKW und lernt Autofahren.

An Beschäftigung und neuen Einkommensquellen fehlt es nicht. Auf Einladung der Regierungen skandinavischer Staaten, der Schweiz, Rumäniens und anderer europäischer Länder ist der international anerkannte Finanzexperte häufig als Vortragsredner zu Themen der wirtschaftlichen Lage unterwegs. Der September 1930 führt ihn zu einer längeren lukrativen Auftrittsserie in die Vereinigten Staaten.

Natürlich sind Vertreter der Deutschnationalen und der NSDAP längst auf Schacht aufmerksam geworden. Sein 1931 erschienenes Buch „Das Ende der Reparationen" mit seiner heftigen Kritik an der „Erfüllungspolitik" der Reichsregierung stößt in diesen Kreisen auf wohlwollende Zustimmung. Das Verhältnis ist gegenseitig. Schacht ist im Spätsommer 1931 in Bad Harzburg auf der gemeinsamen Kundgebung der antiparlamentarischen rechtsgerichteten Parteien und Wehrverbände einer der Redner, die sich gegen das politische System der Weimarer Republik wenden.

Adolf Hitler erkennt, dass ihm Schacht beim Erreichen seiner politischen Ziele sehr nützlich sein kann. Hauptproblem ist dabei aktuell der Kampf gegen die hohe, sechs Millionen Menschen umfassende Arbeitslosigkeit. „Aus dem Gelingen der Arbeitsbeschaffung werden wir die stärkste Autorität erhalten", erklärt Hitler daher im Juni 1933 vor den Reichsstatthaltern. [2] Zur Finanzierung der geplanten Arbeitsbeschaffungs-, aber auch der Rüstungspolitik braucht er einen erfahrenen Techniker der Geldpolitik. In Ermanglung eigener Notenbank-Fachleute hält er Schacht für „ ... den wohl bedeutendsten Kopf auf dem Gebiet der Geld- und Finanzwirtschaft, den wir in Deutschland haben." [3] Vorsorglich ist die nationalsozialistische Presse schon seit Sommer 1931 angewiesen, „ ... Schacht schonend zu behandeln und auf polemische Kritik am ‚Freimaurer' und ‚Kapitalisten' Schacht zu verzichten." [4] Letzterer korrespondiert seit April 1932 regelmäßig mit Hitler und erteilt ihm Hinweise, wie die NSDAP von Großunternehmen unterstützt werden kann.

Der Schulterschluss mit Hitler, Göring und anderen Größen der NSDAP soll Schacht dazu verhelfen, an den Werderschen Markt zurückzukehren. Die Rechnung geht auf. Wenig überraschend für ihn erfolgt schon im März 1933 seine Ernennung zum Reichsbankpräsidenten. Bemerkenswert dabei ist, dass drei der acht Mitglieder des Generalrats der Reichsbank, die die Ernennungsurkunde unterzeichnen, jüdische Deutsche sind: die Privatbankiers Max Warburg und Franz

---

[2] Paul Meier-Benneckenstein (Hrsg.), Dokumente der deutschen Politik, Bd. 1, Die nationalsozialistische Revolution, Berlin 1935, S. 59
[3] Christopher Kopper, a. a. O., S. 195
[4] ebenda, S. 182

von Mendelssohn sowie Oscar Wassermann von der Deutschen Bank. Es kommt zu dem einmaligen Fall, dass Hitler ein Dokument mit den Unterschriften von „Nichtariern" gegenzeichnet.

Schachts Verhältnis zu den Juden und zu den diskriminierenden Nürnberger Gesetzen ist ambivalent. Jüdische Mitbürger aus Politik, Verwaltung, Presse und aus dem kulturellen Leben zu entfernen, findet seine Unterstützung. Eine Ungleichbehandlung in der freien Wirtschaft lehnt er hingegen im zeitweiligen verbalen Einverständnis mit Hitler ab. Dies weniger aus einer humanistischen Einstellung, eher aus Gründen wirtschaftlicher und außenpolitischer Vernunft. Zu Recht fürchtet er, dass eine gesetzliche Diskriminierung jüdischer Unternehmen Binnenwirtschaft und Außenhandel spürbar schädigen. Im Jahre 1935 prangert er in einer Rundfunkrede auf der Königsberger Ostmesse in Anwesenheit von Gauleiter Koch und SS-Obergruppenführer von dem Bach-Zelewski die gewalttätigen Radauantisemiten als unbefugt in die Wirtschafts- und Finanzpolitik eingreifende Schädlinge an. Das bringt ihm bei Goebbels die ersten Minuspunkte ein.

Dass kompromissloser, zum Äußersten entschlossener Antisemitismus zu den Grundpfeilern der nationalsozialistischen Weltanschauung gehört, erkennt Schacht lange Zeit nicht. Die antisemitischen Ausfälle Hitlers, die ihm schon 1930 bei der Lektüre von „Mein Kampf" begegnet waren, nimmt er nicht ernst. Unbeeindruckt pflegt er seine freundschaftlichen Kontakte etwa zum ehemaligen Vorstandsmitglied der Deutschen Bank Georg Solmssen oder zum Bankier Max Warburg, während sich nicht wenige Deutsche von ihren jüdischen Bekannten und Kollegen abwenden. Einen deutlichen Grauton bekommt das Verhältnis Schachts zu seinen jüdischen Mitbürgern indes dadurch, dass er Ende 1938 durch Kreditgewährung die „Arisierung" der Galerie Heinemann in München ermöglicht und später als stiller Teilhaber am Kunsthandel des Hauses verdient.

Schacht ist kein Nationalsozialist. Er ist viel zu sehr von sich selbst überzeugt, um sich von irgendeiner politischen Richtung vereinnahmen zu lassen und zu sehr Individualist, sich einer Parteidisziplin unterzuordnen. Ohne gefragt zu werden, erhält er 1937 wie alle Minister von Hitler zum vierten Jahrestag der Machtergreifung das Goldene Parteiabzeichen und wird damit Mitglied der NSDAP.

Seine Loyalität gegenüber dem Nationalsozialismus erwartet Schacht auch von seinen zumeist konservativen Beamten der Reichsbank. Aber er wendet sich entschieden gegen politisches Denunziantentum im Amt und verfügt im August 1933:

„Sollte sich (...) ein freudiges Bejahen dieses Geistes (des Nationalsozialismus – H. Z.) nicht ergeben, so bin ich zwar weit davon entfernt, einen Überzeugungszwang auszuüben; ich erwarte aber (...), dass der Betreffende sich schweigend verhält." [5]

Stellenbesetzung und Beförderung in der Reichsbank finden unter Schacht nicht nach politischer Einstellung, sondern streng unter Beachtung des Leistungsprinzips statt. Die Deutsche Reichsbank bleibt unter dem Nationalsozialismus, jedenfalls solange Hajlmar Schacht an ihrer Spitze steht, die einzige höhere staatliche Institution des Reiches ohne nennenswerte nationalsozialistische Einflussnahme auf die Personalpolitik.

Was hat Hjalmar Schacht bewogen, sich in den Dienst des nationalsozialistischen Regimes zu stellen? Christopher Kopper gibt in seiner sauber und kritisch recherchierten Schacht-Biografie folgende zutreffende Antwort:

„Auch Schacht hatte mit der parlamentarischen Demokratie gebrochen. Er war Anhänger einer autoritären Führerherrschaft und befürwortete ein technisches Herrschaftsmodell, das Technokraten wie ihm Macht ohne lästige parlamentarische Kontrolle verhieß. Anders als viele Nationalsozialisten legte er jedoch Wert auf ein Mindestmaß an Rechtssicherheit und auf den Schutz vor politischer Willkür. Die Machtübernahme der Nationalsozialisten gab ihm eine persönliche Chance, seinen politischen Ehrgeiz und sein ausgeprägtes Geltungsbedürfnis zu befriedigen." [6]

Mit seiner erneuten Ernennung zum Präsidenten der Reichsbank – er löst Hans Luther ab, der ihm drei Jahre zuvor nachgefolgt war und bezieht dessen Dienstvilla in Berlin-Dahlem – steht Hjalmar Schacht auf dem Höhepunkt seiner Karriere.

Kaum im Amt, stattet ihn Hitler mit Sondervollmachten aus. Zu den traditionell bei der Reichsbank angesiedelten Funktionen des Generalbevollmächtigten für Kredit- und Währungspolitik tritt die Verantwortung für die Bankenpolitik. Nicht dem deutschnationalen Wirtschaftsminister Alfred Hugenberg obliegt damit die Sanierung und Neuordnung des Bankwesens, sondern dem Reichsbankpräsidenten. Nicht genug damit, erteilt Hitler Schacht das Privileg, an den Kabinettssitzungen teilzunehmen. Damit geht ohne Stellungnahme der Reichsbank kein Gesetzentwurf über den Kabinettstisch.

Bald avanciert Hjalmar Schacht zum regulären Mitglied der Reichsregierung. Ab August 1934 übernimmt er zusätzlich die Geschäfte des Reichswirtschaftsministeriums in der Behrenstraße. Die beiden uniformierten SS-Männer vor der Tür seines Amtszimmers, die der Reichsführer SS Heinrich Himmler Schachts Vorgänger Kurt Schmitt gestellt hatte, werden auf Intervention des neuen Ministers abgezogen. Eine der ersten Personalentscheidungen Schachts ist die Trennung von Staatssekretär und langjährigem NSDAP-Mitglied Gottfried Feder, dem antiquierten Schöpfer des im Umkreis von Hitler längst aufgegebenen rsp. zu keiner Zeit ernsthaft erwogenen „Kampfes gegen die Hochfinanz" und der

---

[5] ebenda, S. 222
[6] ebenda, S. 205

„Brechung der Zinsknechtschaft". Die neuen Kompetenzen versetzen Schacht in die Lage, die Währungspolitik jetzt auch von der Ausgabenseite unter Kontrolle zu halten. Der gesamte Komplex der Devisenzuteilungen für Importe und Auslandsreisen unterliegen nun seiner Kompetenz.

Angesichts dieser Machtfülle, verbunden mit seiner grenzenlosen Selbstüberschätzung, unterliegt Schacht dem schwerwiegenden Irrtum, bei akuter Inflationsgefahr oder anlässlich anderer kritischer Situationen den Kredithahn für die Arbeitsbeschaffungs- und Rüstungsausgaben – letztere dienen nach seiner Auffassung nur der Wiederherstellung der im Gefolge des Versailler Diktats teilzerstörten Verteidigungsfähigkeit des Reiches - zudrehen zu können. Zur Finanzierung beider Ausgaben wendet Schacht einen finanzpolitischen Trick an. Formell kurzfristige, aber bis auf fünf Jahre verlängerbare Wechsel ermöglichen es dem Reich, die Rückzahlung für einen mittelfristigen Zeitraum zu verschieben. Außerdem werden die Wechselschulden nicht im Schuldbuch des Reiches ausgewiesen; die Rüstungsausgaben können geheimgehalten werden. Ein Teil von ihnen durchläuft gar nicht den Reichshaushalt, sondern fließt über eine fingierte Gesellschaft zur Finanzierung von Rüstungskäufen mit dem formellen Namen Metallurgische Forschungsgesellschaft mbH (MeFo) - ein meisterhaftes Zauberwerk der Finanzierungstechnik.

Als Reichsbankpräsident, oberster Banken- und Kapitalmarktpolitiker und Reichswirtschaftsminister glaubt Schacht, für Hitler und die Nationalsozialisten unentbehrlich zu sein. Ab 1936 mehren sich indes die Anzeichen für das Abbröckeln seiner Macht. Seine Warnungen vor der ungebremsten Beschleunigung der Aufrüstung und vor der zunehmenden Inflationsgefahr erzeugen bei Adolf Hitler mehr und mehr den Eindruck eines lästigen Bedenkenträgers. Vor diesem Hintergrund formieren sich die Kräfte zum Abbau der Schachtschen Machtpositionen.

Den Hauptstoß führt Hermann Göring, der als Reichsluftfahrtminister und Kommandeur der Luftwaffe lebhaft an einem hohen Aufrüstungstempo interessiert ist. Ein hinter dem Rücken Schachts geschaffenes „Amt für den Vierjahresplan", dem Göring vorsteht, sieht vor, die Einfuhren auf ein Minimum zu reduzieren und auf einheimische Rohstoffe sowie synthetische Erzeugnisse zu setzen. Dieser Kurs ist nur über die Notenpresse realisierbar, birgt erhebliches Inflationspotential und unterhöhlt die ordnungspolitische Führung des Reichswirtschaftsministeriums. Als besondere Provokation muss Schacht im Juli 1937 die nicht mit ihm abgestimmte Gründung der staatlichen, von vornherein unrentablen „Reichswerke AG für Erzbergbau und Eisenhütten Hermann Göring", Salzgitter empfinden. Die Zuständigkeit für das Verfügungsrecht über Rohstoffe, Devisen, Arbeitskräfte und das Beschaffungsprogramm geht an die Vierjahresplanbehörde, was in Schachts Machtpotential eine spürbare Lücke reißt.

Hitler mischt sich wie üblich nicht in das die eigene Macht sichernde Kompetenzgerangel seiner unmittelbar Nachgeordneten ein, bringt aber dem Kurs Görings aus zwei Gründen mehr Sympathie entgegen als demjenigen Schachts. Erstens präferiert er wie Göring industrie- und güterwirtschaftliche gegenüber finanzpolitischen Fragen. Letzteren, von denen er wie sein Reichsluftfahrtminister wenig versteht, weist er allenfalls eine Hilfsrolle zu. Zweitens begrüßt er alles, was die schwerfällige staatliche Verwaltungsbürokratie, für die der Machtbereich Schachts steht, umgeht.

Ab Sommer 1937 trägt sich Schacht lauthals mit Rücktrittsabsichten als Wirtschaftsminister, die Reichskanzler Hitler zunächst negiert. Das offizielle Gesuch lehnt er aus außenpolitischen Gründen ab. Erst im November nimmt er den Rücktritt an. Die Wirtschaft bekommt die Veränderung an der Spitze des Ministeriums sofort zu spüren. Der neue Minister Walther Funk beendet die Protektion gesunder jüdischer Unternehmen; die Welle der „Arisierungen" setzt ein.

Adolf Hitler und Hjalmar Schacht auf der Feier der Grundsteinlegung für die neue Reichsbank. 1934

Schacht belegt die Amtsräume in der Reichsbank am Werderschen Markt, seinem verbliebenen Verantwortungsbereich, wieder voll mit Beschlag. Vor ihm liegen indes nur noch dreizehn Monate, in denen er das hohe Amt bekleiden kann. Seine Verantwortung als Währungshüter einerseits und die Loyalität zu Hitler andererseits, auf dessen Anordnung Rüstung, Staatausgaben und die inflationsträchtige öffentliche Verschuldung außerhalb aller wirtschaftlichen Vernunft rücksichtslos vorangetrieben werden, geraten in einen nicht lösbaren Gegensatz zueinander. Schacht begreift endlich, dass er der politisch Untergeordnete ist, eine Realität, die bereits seit 1933 besteht.

Nachdem Schacht in einer an Hitler gerichteten Denkschrift für die Reichsbank die komplette Entscheidung über die Inanspruchnahme des Geld- und Kapitalmarkts verlangt, um eine Senkung der Rüstungsausgaben erzwingen zu können, entschließt sich der Kanzler im Januar 1939, dem Reichsbankpräsidenten die Abberufungsurkunde zu überreichen. Damit geht die mit Unterbrechung seit 1915 währende dienstliche Präsenz Hjalmar Schachts am Werderschen Markt zu Ende. Hausherr des 1940 baulich unvollendet in Betrieb genommenen neuen Bankgebäudes, für dessen Grundsteinlegung Schacht im Mai 1934 die Festrede gehalten hatte (vgl. erstes Kapitel), wird – wie im Reichswirtschaftsministerium - Walther Funk.

Hjalmar Schacht ist nun Reichsminister ohne Geschäftsbereich. Der neue Status ist mit keinerlei finanziellen Einbußen verbunden. Der 1938 unterschriebene, für vier Jahre, bis kurz nach Beginn des regulären Ruhestands gültige Dienstvertrag sichert die Weiterzahlung des vollen Gehalts. Für diesen Zeitraum verbleibt auch die Verfügung über Dienstwagen und Fahrer.

Die erneute Ernennung zum Reichsminister, wenngleich ohne Ministerium, hält in Schacht die Illusion aufrecht, für Hitler noch nicht völlig entbehrlich zu sein. Mit seinen langjährig guten Kontakten zu Offiziellen der USA will er erreichen, dass sich die Vereinigten Staaten als Friedensvermittler in Europa einschalten. Seine Vorschläge, derartige Verhandlungen aufzunehmen, werden jedoch vom Kanzler und seinem Außenminister Joachim von Ribbentrop abgelehnt.

Unabhängig von seiner Bereitschaft, dem Reichskanzler in diplomatischer Mission zu dienen, unterhält Schacht enge Beziehungen zu führenden Vertretern des konservativen Widerstands gegen Hitler, zu dem ehemaligen Oberbürgermeister von Leipzig Carl Goerdeler, zum Diplomaten Ulrich von Hassell, auch zu Generaloberst Ludwig Beck. In diesen Kreisen ist man indes angesichts der persönlichen Kontakte Schachts zu vielen NS-Größen skeptisch. Will Schacht wirklich mit allen Konsequenzen zum Widerstand gehören? Erst als Hitler im Januar 1943 seinen Minister ohne Geschäftsbereich entlässt, erscheint dieser als unabhängig und frei von Loyalität gegenüber dem „Führer".

Barrieren gegen ein enges Verhältnis zu den Kreisen des konservativen Widerstands werden indes auch von Schacht selbst gezogen. Zu Recht hält ihn von Hassell für einen Menschen, der sich wegen seines großen Ehrgeizes nur schwer einordnen lässt und diszipliniert ein gemeinsames Ziel verfolgen kann. So ist denn verletzte Eitelkeit einer der Gründe, weshalb Schacht einen sicheren Platz auf Goerdelers geheimer Kabinettsliste ablehnt. Einen weiteren Grund, sein Leben nicht aufs Spiel zu setzten, sieht Schacht aber auch in der Verantwortung für seine Familie, die zweite Ehefrau und die beiden kleinen Kinder. Fernab von

Bombengefahr und Versorgungsunsicherheit lebt die Familie mit Köchin und Kinderfrau auf Gut Gühlen in Brandenburg.

Einige Tage vor dem Ereignis erfährt Schacht, dass Offiziere und Generäle ein Attentat auf Hitler vorhaben. Drei Tage nach dem 20. Juli 1944 verhaften ihn Kriminalbeamte auf Gut Gühlen. Man verbringt ihn in das Konzentrationslager Ravensbrück. Der Gestapo gelingt es jedoch nicht, eine konkrete Beteiligung Schachts am Attentat zu konstruieren. Entscheidend für das Resultat der Verhöre ist, dass sein Name auf Goerdelers Ministerliste fehlt. Der unbewiesene Verdacht der Mitwisserschaft reicht nicht aus, einen Prozess vorzubereiten.

Ruine der alten Reichsbank (Mitte). Links Zentralkomitee der SED, vorher neue Reichsbank. Ganz vorn Reste des Mühlengrabens. 1952

Zwischen August 1944 und Mai 1945 hat der Häftling Schacht, immer mit dem Äußersten rechnend, eine ganze Kette von Transporten durchzustehen: von Ravensbrück nach Berlin in den Keller des Reichssicherheitshauptamtes Prinz-Albrecht-Straße, von dort wieder nach Ravensbrück. Es folgen die berüchtigten Konzentrationslager Flossenbürg in der Oberpfalz, wo eine Typhusepidemie wütet und Dachau. Auf dem Bustransport in die sogenannte Alpenfestung werden Schacht und seine Mitgefangenen schließlich im Südtiroler Pustertal von amerikanischen Soldaten befreit.

Nach einigen Zwischenaufenthalten und ersten Verhören verbringt man Schacht im Oktober 1945 nach Nürnberg vor den Internationalen Militärgerichtshof. Hier steht er gemeinsam mit seinen ehemaligen Rivalen und Gegnern – Göring, dem Führer der Deutschen Arbeitsfront Robert Ley, seinem außenpolitischen Kontrahenten Ribbentrop und dem Chef des Reichssicherheitshauptamts Ernst Kaltenbrunner, der ihn verhaften ließ – vor Gericht. Im Unterschied zu den Mitangeklagten lautet die Anklageschrift nicht auf Kriegsverbrechen oder Verbrechen gegen die Menschlichkeit. Schacht wirft man „Verschwörung zur Herbeiführung des Krieges" und „Teilnahme an den Vorbereitungsmaßnahmen des Krieges" vor.

Während sich der ehemalige Reichsminister für Bewaffnung und Munition Albert Speer vor Gericht als politisch Verführter stilisiert, stellt sich Schacht als Person dar, die nie im Banne von Hitler gestanden, von Anfang an versucht hat, das nationalsozialistische Regime zu bekämpfen und dafür Verfolgungen ausgesetzt war. Nach längeren Kontroversen zwischen dem britischen und den Richtern der drei anderen alliierten Mächte entschließt man sich im Oktober 1945, Schacht gemeinsam mit Franz von Papen - zunächst Vizekanzler, dann Diplomat im Dienste Hitlers - freizusprechen. Schacht sieht in dem Akt einen Triumph über die Justiz der Alliierten. Er hält an seiner Überzeugung fest, als Reichsbankpräsident und Minister alles richtig gemacht zu haben.

In Nürnberg freigesprochen, steht Schacht ab April 1947 in Stuttgart das Entnazifizierungsverfahren einer deutschen Spruchkammer bevor. Die Beweisführung in diesem Verfahren ist umfassender als die alliierte Klageschrift, aber einseitig. Der Kläger Franz Karl Maier konzentriert sich nur auf belastende Indizien und verhängt eine Strafe von acht Jahren Arbeitslager. Die Berufungsentscheidung vom September 1948 verfällt ins andere Extrem, auch unter dem anwachsenden Einfluss einer öffentlichen Schlussstrich-Mentalität gegenüber der Entnazifizierung. Im Vordergrund dieses Verfahrens steht nun nur noch Entlastendes – Tatsächliches und an den Haaren Herbeigezogenes. Die Entnazifizierung Schachts zieht sich bis zum September 1950 hin.

Schacht ist nun als Entlasteter eingestuft. Der fraglos einst größte Bankier Deutschlands arbeitet wieder in seinem Fach, reist ins Ausland, vor allem in den Nahen Osten und nach Ostasien, wo man ihn als renommierten Experten in finanzpolitischen Fragen konsultiert und schreibt seine Erinnerungen. Nur schwer verwinden kann er, dass ihn Bundeskanzler Adenauer nicht in sein Kabinett holt. Er stirbt am 3. Juni 1970 im Alter von 93 Jahren.

7. Kriminalpolizei unter NS-Willkür. Arthur Nebe

Wenige Wochen, bevor Reichsbankpräsident Hjalmar Schacht sein Amt in der Jägerstraße aufgeben muss, bezieht im Herbst 1938 ein langjährig Bekannter seinen im gegenüberliegenden Straßenkarree neu eingerichteten Dienstsitz, Reichskriminalpolizeidirektor Arthur Nebe (s. Bild).

Der 1894 in Berlin als Sohn eines Volksschullehrers geborene Arthur Nebe meldet sich freiwillig zum Kriegsdienst, wird im Ersten Weltkrieg mehrfach verwundet und verlässt die Armee 1920 als Oberleutnant a. D. Im gleichen Jahr wird er Kriminalkommissar-Anwärter bei der Polizeiverwaltung Berlin.

Die Berliner Kriminalpolizei der Weimarer Republik, die den beruflichen Werdegang Nebes formt, hat einen guten Ruf. Insbesondere die von Kriminalpolizeirat Ernst Gennat geleitete Zentrale Mordinspektion, die im Jahre 1931 bemerkenswerte 108 von 114 Tötungsdelikten aufklären kann, wird international beachtet, anerkannt und nachgeahmt. Bewunderung lösen Gennats Hartnäckigkeit und Ausdauer, sein außergewöhnliches Gedächtnis und ein ausgeprägtes psychologisches Einfühlungsvermögen aus. Die Anwendung von Gewalt bei Vernehmungen ist seinen Untergebenen streng verboten. Zu den von Gennat eingeführten technischen Neuerungen gehören die Absicherung des Tatorts zwecks Spurenerhaltung und der Einsatz eines komplex ausgestatteten Mordbereitschaftswagens.

Nach der nationalsozialistischen Machtübernahme vom Januar 1933 beauftragt der preußische Innenminister Hermann Göring die Mordkommission, die Ermittlungen zu den 1931 verübten Tötungsdelikten an Polizisten, die die Politische Polizei nicht hatte aufklären können, neu aufzunehmen. Gennat findet heraus, dass die Morde auf dem Bülowplatz von Erich Mielke und Erich Ziemer begangen wurden, die anschließend in die Sowjetunion flüchteten.

Im Jahre 1935 wird Gennat zum Regierungs- und Kriminalrat befördert, was mit dem Amt der ständigen Vertretung des Leiters der Berliner Kriminalpolizei verbunden ist. Ein Jahr danach lösen die NS-Machthaber die Berliner Kriminalpolizei aus dem Groß-Berliner Polizeiapparat heraus und unterstellen sie dem Deutschen Reich. Nur die Kriminalgruppe Mord verbleibt mit unverändertem Aufgabengebiet im Dienstgebäude am Alexanderplatz. Gennats politische liberaldemokratische Grundeinstellung bleibt von all diesen Veränderungen unberührt. Der beliebte Kriminalist, dem Fritz Lang in seinem Spielfilm „M" schon zu Lebzeiten ein Denkmal setzt, stirbt tief betrauert im Jahre 1939. Die Trauerrede hält – Arthur Nebe, Reichskriminalpolizeidirektor.

Nebe durchläuft nach 1933 eine Blitzkarriere. Schon lange vor der NS-Machtübernahme sympathisiert er mit nationalistischem Gedankengut. Er schart gleichgesinnte Polizeibeamte um sich, tritt 1931 in die NSDAP und die SA ein und gibt an Kurt Daluege, nationalsozialistischer Abgeordneter im Preußischen Landtag, Dienstinterna des Polizeipräsidiums Berlin weiter.

Für die neuen Machthaber ist er der richtige Mann am richtigen Ort. Allein im Verlauf des Jahres 1933 wird er zweimal befördert, zum Regierungs- und zum Oberregierungsrat. Schon ab 1935 ist er Leiter des Preußischen Landeskriminalpolizeiamtes im Polizeipräsidium Berlin. Nachdem SS-Reichsführer Heinrich Himmler die Polizeikompetenz von Reichsinnenminister Frick de facto übernommen und Reinhard Heydrich zum Chef der Sicherheitspolizei ernannt hat, wird 1937 das Preußische Landeskriminalpolizeiamt mit auf einigen Sachgebieten bereits bestehenden Reichszentralen vereinigt und zum Reichskriminalpolizeiamt umgestaltet, zur obersten Behörde der deutschen Kriminalpolizei. Damit ist der Weg zu einer zentralen Verbrechensbekämpfung geebnet, wie sie in anderen europäischen Staaten längst besteht.

Der zum Chef der deutschen Kriminalpolizei aufgestiegene Arthur Nebe sieht einen alten Traum erfüllt. Er hat sein deutsches Scotland Yard mit allen Kompetenzen - von der Kriminalforschung über Mord und andere Kapitalverbrechen, Raub und räuberische Erpressung, Betrug, Sittlichkeitsverbrechen, Roheitsdelikte, Fahndung, Spurenidentifikation, Reichserkennungsdienst, Urkundenprüfung bis zum eigenen Kriminaltechnischen Institut. Über das bemerkenswert niedrige Gehalt – 687 RM netto plus 50 RM für Repräsentation - tröstet er sich hinweg.

Im Herbst des Jahres 1938 bezieht das Reichskriminalpolizeiamt sein eigenes Domizil. Es handelt sich um das Straßenkarree Werderscher Markt, Jägerstraße, Oberwallstraße und Werderstraße, aus dem das ehemalige Kaufhaus Gerson, Werderscher Markt 5-6, nun aufwändig zu einem repräsentativen Amtssitz umgebaut, herausragt. Die Kriminalpolizei übernimmt das gesamte, vor der sog. Arisierung von der Familie Freudenberg erworbene Häuserviereck und richtet hier ihre Diensträume ein. Die einzige private Insel, die verbleiben darf, ist die traditionsreiche Gaststätte „Niquetkeller", Jägerstraße 41, ehemals prägender

Bestandteil von Berlins „gleichgültiger Ecke" (s. Epilog). Bei einem nächtlichen Bombenangriff im November 1943 wird ein Teil der Kriminalzentrale zerstört.

Das Gebäude des Reichskriminalpolizeiamts, vormals Kaiserbasar. 1939

Ende der dreißiger Jahre kann Nebe eine gut organisierte und insgesamt erfolgreich arbeitende Kriminalpolizei vorweisen. Allein in Berlin verfügt er Anfang 1938 über insgesamt 322 Mitarbeiter, davon 262 Kriminalbeamte, 18 Verwaltungsbeamte und 42 Angestellte. Bis Jahresende kommen weitere 90 Personen hinzu. Im Jahre 1938 werden von 1.588 Räubereien 1.095 aufgeklärt, von 360 Kindestötungen sind es 292, von 860 Körperverletzungen mit tödlichem Ausgang 792 sowie von 908 Mord- und Raubmordfällen sogar 848. Auf Berlin entfallen 14,4 Prozent aller im Deutschen Reich verübten kriminellen Delikte, auf die „Großstadt Ruhrgebiet" (Kripostellen Düsseldorf, Essen, Dortmund, Bochum, Recklinghausen und Wuppertal) 13,1 Prozent, auf Hamburg und München 5,3 bzw. 5,0 Prozent. Das Amt bearbeitet überdies insgesamt 3.465 europäische Auslandssachen.

Eine Bewährungsprobe besonderer Art stellen die Olympischen Spiele 1936 in Berlin dar. Aus aller Welt versammeln sich nicht nur Läufer, Speerwerfer, Kugelstoßer und Schwimmer, sondern auch Taschendiebe, Dirnen, Zuhälter, Falschmünzer, Rauschgifthändler, Betrüger und Räuber. Eine Armee aus ganz

Deutschland zusammengezogener Spezialisten sorgt indes dafür, dass es während der gesamten Spiele zu keinen nennenswerten Straftaten kommt. Ein süddeutscher Kriminalist mit Jägerhut und Gamsbart hält mit mehr als hundert festgenommenen Taschendieben den Rekord. Die Kripoaktion erhärtet den Ruf Deutschlands als sicheres Land, bedeutet für das Regime einen Prestigegewinn und bringt Nebe den Olympiaorden I. Klasse ein. „Scotland Yard – längst übertroffen" wird danach bald zum geflügelten Spruch am Werderschen Markt. Als das Präsidium der Kriminalpolizeilichen Kommission (IKPK, später Interpol) an Deutschland übergeht, wird Nebe – von 1938 bis 1944 - Direktor dieser Institution.

Werderscher Markt, links das Karree des Reichskriminalpolizeiamts. 1939

Neu geschaffen und in die Kompetenz des Reichskriminalpolizeiamts eingegliedert hat der nationalsozialistische Staat das sogenannte Vorbeugungswesen. Zur Vorbeugungshaft in Konzentrationslager liefert man im Jahre 1937 insgesamt 2.808 Kriminelle ein. Im Jahr darauf sind es bereits 12.921 Personen - Einbrecher, Diebe, Sittlichkeitsverbrecher, Betrüger, Hehler, Asoziale.

Die Macht, über die Arthur Nebe verfügt, ist enorm. Er ist Chef des Amtes V (Verbrechensbekämpfung – Reichskriminalpolizeiamt, RKPA) des im Prinz-Albrecht-Palais, Wilhelmstraße 101 ansässigen Reichssicherheitsamtes (RSHA), der zentralen Stelle zur Ausübung der polizeilichen Funktionen der SS. Auf gleicher Ebene angesiedelt wie das Amt V ist das von Heinrich Müller geleitete Amt IV (Gegnerbekämpfung - Geheime Staatspolizei, Gestapo). Beide zusammen bilden die Sicherheitspolizei (Sipo). Das von SS-Obersturmbannführer und

Oberregierungs- und Kriminalrat Dr. Walter Heeß geleitete und mit allen Finessen wie Schußwaffen-Erkennungsdienst oder Spurenidentifikation ausgestattete Kriminaltechnische Institut (KTI) ist nicht allein Nebe, sondern der Sipo unterstellt. Damit sichert sich die Gestapo einen gewissen Einfluss auf das Tätigkeitsprofil des KTI, das später das Gift für die Euthanasiemorde liefert. Neben der Sipo untersteht dem RSHA der Sicherheitsdienst (SD), eine aus hauptamtlichen Parteifunktionären bestehende Organisation zur Überwachung und Bespitzelung der Bevölkerung im In- und Ausland.

Die Chefs der Ämter bekleiden durchweg SS-Dienstgrade. Nebe, 1936 noch SS-Sturmbannführer, wird 1938 zum SS-Obersturmbannführer ernannt, danach noch im gleichen Jahr zum SS-Standartenführer, ab 1939 ist er SS-Oberführer, und im Januar 1941 avanciert er zum SS-Brigadeführer und Generalmajor der Polizei, schließlich im November des Jahres zum SS-Gruppenführer und Generalleutnant der Polizei.

Innerhalb des Amtes V finden sich Arbeitskollegen sowohl mit und als auch ohne SS-Zugehörigkeit. Bemerkenswert ist, dass klassische kriminalistische Kernaufgaben – Kapitalverbrechen, Betrug, Sittlichkeitsverbrechen, Fahndung, Urkundenfälschung – von Referatsleitern verantwortet werden, die „nur" über Beamtentitel wie Kriminalrat, Kriminaldirektor, Regierungs- und Kriminalrat oder Oberregierungs- und Kriminalrat verfügen. Nebe sorgt dafür, dass Sachverstand und Erfahrung gegenüber ideologischen Auswahlkriterien im Vordergrund stehen.

Inwieweit der einzelne Kriminalist von sich aus Distanz hält oder von den Machthabern nicht für würdig befunden wird, politisch stärker integriert zu werden, unterscheidet sich von Fall zu Fall. Selbst für Beförderungen innerhalb der Beamtenhierarchie gilt, dass größere Chancen hat, wer aus der Kirche ausgetreten ist bzw. wer nach fünfjähriger kinderloser Ehe medizinisch Zeugungsunfähigkeit eines Partners nachweisen kann. Eher zu den Ausnahmen zählt etwa der Pastorensohn Kriminaldirektor Gerhard Nauck, schwer ersetzbarer Leiter des Referats Sittlichkeitsverbrechen, der sich bis Kriegsende vor Kirchenaustritt und SS-Übernahme schützen kann. Nicht immer scheint es jedoch bei der Anwendung der Beförderungs- bzw. Ernennungsrichtlinien punktuell streng zuzugehen. Selbst SS-Brigadeführer Arthur Nebe verlässt erst im Jahre 1941, formal wie manch anderer, die Kirche – nur eine der zahlreichen inneren Widersprüchlichkeiten dieses Mannes.

Vorbehaltlos begrüßt Nebe die Zusammenfassung von Geheimer Staatspolizei und Kriminalpolizei unter dem Dach der Sicherheitspolizei. In einer Schrift zur Einweihung der neuen Dienststelle betont er:

„Dem nationalsozialistischen Deutschland ist es selbstverständlich, dass der Kampf gegen den politischen Staatsfeind und gegen den asozialen Verbrecher von einer Hand geführt werden muss. Die Gliederung der Reichskriminalpolizei passt sich deshalb der Geheimen Staatspolizei so weit als möglich an. ... So wollen wir Männer des Reichskriminalpolizeiamtes im Geiste nationalsozialistischen Denkens unser großdeutsches Volk schützen, wo immer seinem

Blutstrom aus schlechten Eigenschaften und minderwertigem Erbgut Gemeinschaftsfremder Gefahren drohen, und des Führers und unseres Volkes treueste Kämpfer sein." [1]

Diese Verschmelzung von Partei- und Staatsaufgaben, d.h. die Transformation staatlicher in „führerunmittelbare" Organisationen verfolgt jedoch ihre eigenen Gesetzmäßigkeiten, die für einen beruflich in der Gennat-Atmosphäre aufgewachsenen Vollblutkriminalisten nicht immer angenehm sind.

Besprechung SS-Reichsführer Himmler mit Müller, Gestapo, Heydrich, RSHA, Nebe, Kripo und Huber, Gestapo Wien (von rechts)

Arthur Nebe ist als Kripochef des Reiches in der SS-Hierarchie weit oben angesiedelt. Er hat nur zwei Vorgesetzte, unmittelbar den Chef des Reichssicherheitshauptamtes Reinhard Heydrich bzw. nachdem dieser im Juni 1942 in Prag einem Attentat unterliegt, Ernst Kaltenbrunner und mittelbar den SS-Reichsführer Himmler, der seine Befehle immer wieder auch Nebe direkt erteilt und seinerseits nur dem „Führer" untersteht. Politisch und ideologisch diktierten Willkürentscheidungen, aber auch Kompetenzüberschneidungen und Rivalitätskämpfen, vor allem zwischen Kripo und Gestapo, sind vor diesem Hintergrund an der Tagesordnung.

Über das menschliche Niveau seiner Vorgesetzten kann sich Nebe frühzeitig, bereits 1934 ein klares Urteil bilden. Ende Juni, Anfang Juli ermordet die SS den SA-Chef Ernst Röhm und die Führerschaft dieses Kampfbundes. Darüber hinaus führen Himmler und Göring bei dieser Gelegenheit ihre individuellen Rachepläne an Personen außerhalb der SA aus, denen u. a. der ehemalige

---

[1] Zit. n.: Walter Kiess, Der Doppelspieler, Stuttgart 2011, S. 31

Reichskanzler Kurt von Schleicher zum Opfer fällt. Als Leibwächter Görings abkommandiert, erlebt Nebe diese mörderischen Tage so hautnah wie kaum ein anderer. Er beobachtet Heydrichs skrupellosen Umgang mit den von ihm verfertigten und von Himmler gebilligten Todeslisten, hört die Befehle an die Mordkommandos, sieht, wie der gewissenlose Himmler den Namen seines ehemaligen Mentors Gregor Strasser auf die Liste setzt. Göring, von Nebe bisher als reiner Machtmensch eingeschätzt, verfällt in diesen Stunden buchstäblich in einen Blutrausch. An der Hauptschuld Hitlers besteht – das erkennt Nebe kurze Zeit später - kein Zweifel.

Welche Schlussfolgerung zieht Arthur Nebe aus der Einsicht, dass das Herrschaftssystem, dem er dient, ausgeprägt verbrecherische Züge trägt? Nebe setzt keine neuen Prioritäten für sein Leben. Unter allen Umständen will er seinen Weg fortsetzen und als unentbehrlicher Kriminalist Karriere machen. Immer befleißigt er sich, als willfähriger Nationalsozialist aufzutreten. Nicht zu Unrecht sehen später andere SS-Führer im Leiter des Amtes V keine Persönlichkeit mit Haltungsstärke. Seinem Chef Heydrich gilt er als treuer Dienstmann, als unbedingt gehorchender „Jawoll-Sager". Damit bewahrt er indes seine Kripo vor mancherlei Gestapo- und SS-Einflüssen. Anständig, ängstlich und – vor allem - ehrgeizig ist er; aber wie kann man in einer zentralen Position der SS-Hierarchie auf die Dauer seinen Ehrgeiz durchsetzen ohne selbst zum Verbrecher zu werden?

Die nach außen gezeigte – und in der Regel durch die initiative Tat bestätigte - bedingungslose Treue zum nationalsozialistischen Staat ist indes nur die eine Seite des Arthur Nebe. Gleichzeitig hält er Kontakt zu oppositionellen Kreisen. Eine Schlüsselperson ist hier Hans Bernd Gisevius, mit dem Nebe eng befreundet ist. Gisevius, ursprünglich Deutschnationaler, sympathisiert ab 1931 mit dem Nationalsozialismus und stellt sich, vom Weimarer Parlamentarismus enttäuscht, den neuen Machthabern zur Verfügung. Nach einigen Monaten Tätigkeit bei der Politischen Polizei im Berliner Polizeipräsidium wird er 1934 in die Polizeiabteilung des Reichsinnenministeriums versetzt. Dort erlebt er den Aufbau der Geheimen Staatspolizei, deren Übernahme durch die SS im April 1934 und die Mordaktion im sog. Röhm-Putsch. Dem Ausbau der Gestapo distanziert gegenüberstehend, lässt sich Gisevius 1935 vom Innenministerium als Regierungs- und Kriminalrat in das preußische Landeskriminalamt versetzen, das Arthur Nebe leitet.

Seit 1938 ist Gisevius in Putschpläne militärischer Kreise um Generalmajor Hans Oster vom Stab des Abwehrchefs Canaris eingeweiht, die verhindern wollen, dass es wegen der Sudetengebiete zum Krieg kommt. Nebe, zu dem die Militärs dank Gisevius Vertrauen fassen, beschafft Material und Informationen zu SS-Standorten. Ab 1939 verfolgen Gisevius, Generaloberst Ludwig Beck, Hans Oster und Oberstleutnant Helmuth Groscurth das Ziel, das NS-Regime gewaltsam zu stürzen. Gleichzeitig fungiert Gisevius in Bern als Verbindungsmann zum amerikanischen Geheimdienst. Beim Attentat auf Hitler am 20. Juli 1944 hält er sich im Bendlerblock auf, kann aber entkommen. Der Quellenwert seiner

Nachkriegsbücher zur Zeit des Nationalsozialismus, darunter eine Abhandlung über die Rolle Nebes im Widerstand, ist differenziert einzuschätzen.
Zwischen Nebe und den oppositionellen Offizieren der Wehrmacht besteht seit 1938 eine bleibende unverbindliche Fühlungnahme. Dadurch ist gewährleistet, dass diesen Militärs – teilweise über Gisevius - Informationen zugehen, die Nebe bei seinen mittäglichen Essen der Amtschefs des Reichssicherheitshauptamtes mit Heydrich und den Sitzungen mit Himmler erhält. Das taktische Verhalten des Kriminalpolizeidirektors beschreibt Gisevius so:

„ Er lauschte in beiden Lagern, er arbeitete in dem einen Lager und informierte das andere Lager. Er informierte nicht die Leute, mit denen er arbeitete und arbeitete nicht mit den Leuten, die er informierte. Er segelte als oberster Fach-Kriminalist unter eigener Flagge und anders konnte ein Arthur Nebe auch nicht segeln." [2]

In ihrer normalen Arbeit stehen die Kriminalisten des Dritten Reiches – selbst bei der Ermittlung in vordergründig unpolitischen Fällen – immer in Abwehr gegen Versuche Himmlers und der anderen NS-Machthaber, die Kripo als eines ihrer Unrechtsinstrumente zu missbrauchen. Teilweise gelingt es Nebe sich durchzusetzen.

So etwa im Falle des Sprengstoff-Unglücks von Reinsdorf bei Wittenberg. Am 13. Juni 1935 explodiert die gesamte Fabrik der Westfälisch-Anhaltinischen Sprengstoff AG. Die Katastrophe kostet fünfzig Menschen das Leben, dreihundert tragen schwere Verletzungen davon. Unter diesen befindet sich der Arbeiter Karl Grunwald, ein ehemaliges KPD-Mitglied. Ihm soll das Ereignis als Sabotageakt angelastet werden. Die SS sieht einen willkommenen Anlass, vorsorglich zweihundert Kommunisten aus der regionalen Umgebung zu verhaften. Eingehende Untersuchungen des Unglücks ermitteln indes als tatsächliche Ursache Mängel im Unfall- und Arbeitsschutz. Es kommt zu keinen Verurteilungen der Inhaftierten.

Eine schwere Position gegenüber seinen SS-Vorgesetzten und der Gestapo hat Nebe im Falle einer Serie von Verbrechen, die erst nach dreieinhalb Jahren Fahndung aufgeklärt werden kann. Sie treibt die Kriminalpolizei zeitweilig in eine gefährliche Krise. Es beginnt im November 1934 damit, dass am Kleinen Stern im Grunewald Liebespaare auf Bänken und in Autos ausgeraubt werden. Andere kriminelle Aktivitäten, z. B. ein Raubmord am S-Bahnhof Hirschgarten stehen hierzu scheinbar in keinem Zusammenhang.

Am meisten macht den Ermittlern aber eine dritte Art von Verbrechen zu schaffen, die Errichtung von Drahtfallen für Autos und die Beraubung der Insassen auf den Straßen der Wälder am Müggelsee und östlich von Berlin. Reichspropagandaminister Joseph Goebbels verbietet, zumal mit Blick auf die Olympiade, die Veröffentlichung der Verbrechen, was Täter und potenzielle Opfer in Sicherheit wiegt und die Arbeit der Kripo zusätzlich erschwert. Nur die Auslandspresse berichtet. Die lange Zeit ergebnislose Fahndung ist Wasser auf den

---

[2] Zit. n.: Ronald Rathert, Verbrechen und Verschwörung: Arthur Nebe, Münster o. J., S. 70

Mühlen derjenigen, die die Kriminalpolizei der Gestapo unterstellen und damit noch stärker dem Einfluss der SS aussetzen wollen. Schließlich gelingt es, die Brüder Max (s. Bild links) und Walter (Bild rechts) Götze aus Berlin-Köpenick als Täter zu ermitteln und dingfest zu machen. Die Verbrecher, denen u. a. drei Morde zur Last gelegt werden, kommen unter das Schafott. Die Festsetzung der Strafe erfolgt noch nach altem Recht. Der Präsident des Volksgerichtshofs Roland Freisler, das personifizierte Beispiel für die Rechtsbeugung der Justiz im Dienst des Nationalsozialismus, initiiert daraufhin die sog. Lex Götze vom Juni 1938, wonach rückwirkend das Aufstellen von Autofallen unter Todesstrafe gestellt wird.

Bei hauptsächlich politischen Straftaten beschränken sich die Kompetenzen der Kriminalpolizei auf die Tatanalyse, die Spurensicherung und ggfls. die Täterverfolgung, die Verhöre und deren Auswertung unterliegen indes der Verantwortung der Gestapo und den Willkürentscheidungen der NS-Führung. Beispielhaft hierfür steht der Umgang mit dem Bombenattentat des Kunstschreiners Georg Elser am 9. November 1939 im Münchner Bürgerbräukeller, bei dem Hitler und die nationalsozialistische Führungsspitze getötet und deren Kriegsplanungen beendet werden sollten. Der Anschlag scheitert, weil Hitler und sein Gefolge vorzeitig den Raum verlassen. Elser wird noch vor der Explosion von den Zollbehörden in Konstanz wegen Ungültigkeit seiner Grenzkarte festgenommen.

Die Weichenstellungen innerhalb der tags darauf gegründeten Sonderkommission Bürgerbräukeller verweisen auf die beabsichtigte Behandlungsrichtung des Falls. Die Tatortkommission unter dem Referatsleiter Hans Lobbes aus dem Reichskriminalpolizeiamt ist nur für den Ort des Geschehens zuständig. Alles andere untersteht einer Täterkommission unter Franz Josef Huber, dem Leiter der Gestapozentrale in Wien. Der Attentäter hat die Bombe allein gebastelt, eingebaut und spätgezündet. Zu diesem Ergebnis kommt Kriminalrat Lobbes, obwohl von der Gestapo absichtlich behindert.

Elser wird in München und Berlin von der Gestapo verhört. Im Unterschied zur Kriminalpolizei werden bei der Geheimen Staatspolizei Geständnisse ggfls. durch Folter erzwungen. Elser bekennt sich schließlich zum Anschlag in München. Die Alleintäterschaft ist den Machthabern indes zu wenig. Der „Führer" befiehlt, die Kripo habe England als Anstifter zu ermitteln, was Nebe verweigert. Dennoch wird in die Presse die Behauptung lanciert, Auftraggeber des Anschlags sei der britische Geheimdienst und Otto Strasser, der abtrünnige in der Schweiz lebende Ex-Nazi, der Organisator. Nach dem „Endsieg", so die Absicht von Goebbels, sollen diese Zusammenhänge in einem Schauprozess mit dem Attentäter als Hauptangeklagten präsentiert werden. Elser (s. Bild) wird daher ab 1941 als "Sonderhäftling des Führers" in den Konzentrationslagern Sachsenhausen und Dachau bei vergleichsweise guter Behandlung interniert und erst im April 1945 erschossen.

Insgesamt gelingt es Nebe und seinen Mitarbeitern – zwar nicht immer und in einigen Fällen nur rudimentär - das Reichskriminalpolizeiamt als eine Art Insel von hergebrachter Gesetzestreue inmitten einer Welt von Willkür und Unrecht zu erhalten. Später wird der Nürnberger Gerichtshof diese Besonderheit würdigen. Er erklärt die SS und das Reichssicherheitshauptamt zur verbrecherischen Organisation. Das Amt V nimmt er auf der Grundlage seines damaligen Informationsstands aus.

Auch als Person versucht Arthur Nebe, anständig zu bleiben, verliert aber spätestens während des Krieges seine Unschuld, als man ihn zur Führung einer SS-Einsatzgruppe in den eroberten Ostgebieten befiehlt. Im Zuge des „Erlasses des Führers und Reichskanzlers zur Festigung deutschen Volkstums" vom 7. Oktober 1939 obliegt es dem Reichsführer SS, für „die Ausschaltung des schädigenden Einflusses von solchen volksfremden Bevölkerungsteilen, die eine Gefahr für das Reich und die deutsche Volksgemeinschaft bedeuten", zu sorgen. Unbehindert können die Einsatzgruppen Himmlers ihren „volkstums"-politischen Sonderauftrag, den Massenmord an Juden, Polen, Partisanen und Kommissaren der Roten Armee verwirklichen. Das Heer hat kaum Kontrolle über die SS-und Polizeikommandos.

Nebe will sich angeblich zur Internationalen Kriminalpolizeilichen Kommission in Wien versetzen lassen, um dem Auftrag zur Führung einer SS-Einsatzgruppe zu entgehen, lässt sich aber von Gisevius, Beck und Oster umstimmen, die an seinem Verbleib im Amt V interessiert sind. Nach einer anderen Version ködert ihn Himmler mit der Aussicht, während des nur wenige Monate andauernden Blitzkriegs direkt dem Stoßkeil des Heeres auf Moskau zu folgen.

In der sowjetischen Hauptstadt soll der versierte Kriminalist und Fahnder bolschewistische Funktionäre ausfindig machen und Archivmaterial sicherstellen. Diesen garnierten Befehl des Reichsführers kann Nebe nicht ablehnen. Das Schwanken zwischen moralischem und amoralischem Verhalten ist beendet – zugunsten von Karriere und Eigennutz.

Zwischen Juni und Oktober 1941 steht die SS-Einsatzgruppe B unter Nebes Führung. In dieser Zeit werden 45.000 Zivilisten, zumeist Juden, ermordet. Am 22. Juli 1941 meldet Nebe: „In Minsk gibt es keine jüdische Intelligenz mehr." [3] Nachgesagt wird Nebe auch die Beteiligung an Versuchen zur Massentötung durch Giftgas in Gaswagen bzw. Gaskammern. [4] Trotzdem äußert sich Fabian von Schlabrendorff vom Generalstab der Heeresgruppe Mitte, in deren rückwärtigem Bereich die Einsatzgruppe B eingesetzt ist, die wahren Ausmaße offenbar verkennend:

„Als die Heeresgruppe Mitte in Smolensk vor Moskau festlag, war unser Blick auch auf unser Hinterland gelenkt. Es war gelungen, den SS-Terror auf ein Minimum herabzudrücken. Das war nicht unser Verdienst, sondern das Verdienst des SS-Gruppenführers Nebe." [5]

Im Jahre 1944 begeht Nebe ein weiteres Kriegsverbrechen. Im März dieses Jahres fliehen über einen Tunnel 87 britische Piloten aus dem deutschen Kriegsgefangenenlager Stalag Luft III in Niederschlesien. Alle mit Ausnahme von drei Offizieren werden nach kurzer Zeit gefasst. Hitler erteilt den Geheimbefehl, fünfzig von ihnen zu exekutieren. Die Ausgesuchten werden von einem Kommando der Gestapo „auf der Flucht" erschossen. Die Selektion erfolgt unter Verantwortung des Chefs der Kriminalpolizei.

In diesen Monaten, in denen sich die Situation für Deutschland, für den Widerstand und für ihn selbst immer mehr zuspitzt, treibt Nebe einer seelischen Katastrophe entgegen. Bei den Vorgesetzten, unter einem – wie er inzwischen vermutet – geisteskranken Führer gut dazustehen und gleichzeitig so viel Unheil wie möglich zu verhüten, überfordert seine Kräfte. Geschäftigkeit und Depression wechseln einander ab.

In dieser komplizierten Situation muss sich Nebe endgültig entscheiden, inwieweit er sich an dem auf Hitler vorgesehenen Anschlag beteiligen wird. Inzwischen hat er weitere zentrale Figuren des Widerstands, General Friedrich Olbricht und den persönlichen Referenten des Justizministers Hans von Dohnanyi kennengelernt, die einen Beitrag der Kriminalpolizei zu der geplanten Umwälzung erwarten. Nebe ist zu diesem Zeitpunkt längst einer der wichtigsten Informanten der Widerstandsbewegung. Nicht selten kann er rechtzeitig vor Aktionen der Gestapo warnen. Nun verlangt sein Freund Gisevius, dass sich Nebe mit einem Dutzend seiner Beamten direkt am Umsturz beteiligt. Das widerstrebt Ne-

---

[3] Ernst Klee, Das Personenlexikon zum Dritten Reich. Wer war was vor und nach 1945, Frankfurt am Main 2005, S. 430
[4] Ernst Klee, Euthanasie im NS-Staat, Frankfurt am Main 1991, S. 84 ff
[5] Fabian von Schlabrendorff, Offiziere gegen Hitler, Frankfurt am Main/Hamburg 1961, S. 61

be, der sich stets nach allen Seiten absichert, zutiefst. Aber er weiht den Leiter der Gruppe V B-Einsatz, Hans Lobbe ein und stellt am 20. Juli 1944 fünfzehn Kriminalräte und Kriminalkommissare des Amtes V bereit. Unter deren Leitung sollen Truppen des Ersatzheeres während des Umsturzes wichtige Reichsminister festnehmen. Der Befehl aus dem Bendlerblock zum Einsatz dieser Einheiten wird jedoch nie gegeben.

Arthur Nebe gehört weder zu den eigentlichen Attentätern noch zu den in Aussicht genommen Amtsträgern in Schlüsselpositionen. Sein Name fehlt auch in Goerdelers Widerstandskatalog, der der Gestapo die nachfolgenden Fahndungen und Verhaftungen so sehr erleichtert. Die Kripo wäre ihm vereinbarungsgemäß im Ernstfall verblieben, und damit ist er zufrieden.

Vier Tage nach dem Scheitern des Attentats taucht Arthur Nebe ab. Zweimal täuscht er seinen Selbstmord vor, während er sich mit Hilfe von Hans Bernd Gisevius an verschiedenen Verstecken aufhält. Nebes Freundin Heide Gobbin von der weiblichen Kriminalpolizei bringt ihren Chef Anfang August im Haus des Kaufmanns Walter Frick in Motzen unter. Hier, unweit von Berlin, kann sich Nebe trotz intensiver Fahndung der Gestapo fünf Monate versteckt halten. Im Verhör mit der Todesstrafe bedroht, auch für Schwester und Mutter, gibt Adelheid Gobbin den Aufenthaltsort des Gesuchten preis. Arthur Nebe wird am 16. Januar 1945 verhaftet und am 2. März zum Tode verurteilt. Das Urteil wird wahrscheinlich am 3. März im Gefängnis Plötzensee durch Erhängen vollstreckt.

8. Evangelischer Protest im Dritten Reich. Martin Niemöller

Im sogenannten Dritten Reiches wird der Werdersche Markt zeitweilig zu einem Ort, an dem extreme politische Gegensätze direkt nebeneinander existieren; einerseits zum Sitz einer SS-Dienststelle und andererseits zur Stätte kirchlichen Protestes evangelischer Geistlicher!

Am 23. Juni 1937 dringen Beamte der Geheimen Staatspolizei in die Friedrichswerdersche Kirche ein und verhaften acht im Altarraum versammelte führende Vertreter der Bekennenden Kirche, die in Opposition zu den pronationalsozialistischen Deutschen Christen und der von diesen beherrschten Kirchenleitung steht. Martin Niemöller (s. Bild von 1935), Gemeindepfarrer und Oberhaupt dieser Protestbewegung der evangelischen Kirche wird eine Woche später,

nach Rückkehr von einer Vortragsreise in seinem Berlin-Dahlemer Pfarrhaus festgenommen. Bis Ende des Krieges bleibt er Gefangener des NS-Staates.

Der 1892 im westfälischen Lippstadt als Sohn eines evangelischen Pfarrers Geborene durchläuft vor 1933 einen politischen Werdegang, der für die Zeit nach der „Machtergreifung" eher einen Repräsentanten anstelle eines Inhaftierten des nationalsozialistischen Staates erwarten lässt.

Dem kaisertreuen U-Boot-Kommandanten des Ersten Weltkriegs (s. Bild S. 110: Niemöller als Oberleutnant zur See, 1917), der in zahlreichen Einsätzen treu und selbstlos sein Leben wagt, versetzen die in Deutschland seit 1919 herrschenden politischen Verhältnisse einen Schock. Reichspräsident Ebert hat zwar die Generäle, Richter, Großagrarier und -industriellen und auch die deutschnationalen Politiker in ihren Ämtern belassen, aber – so empfinden es zuletzt der zum Kapitänleutnant Beförderte und mit ihm zahlreiche Frontheimkehrer – Deutschland den Feinden ausgeliefert. Unvereinbar mit den patriotischen Gefühlen Niemöllers sind die Gebietsabtretungen, die nahezu vollständige Entwaffnung, die astronomischen Reparationslasten und die Zwangsübergabe der Kolonien. Das alles im Zuge eines Versailler Vertrags, der Deutschland nicht als - wenngleich besiegten - Partner, sondern als angeklagten Urteilsempfänger behandelt.

Martin Niemöller ist ein Gegner der Weimarer Republik und ihrer „Erfüllungspolitiker". Nach einer zeitweilig verfolgten und schließlich verworfenen Absicht zur Auswanderung nach Argentinien unternimmt er in der Folgezeit alles, um Front gegen die Republik zu machen. Ab 1920 Theologie studierend, ist er Vorsitzender der Studentengruppe Münster der Deutschnationalen Volkspartei. Zur Unterstützung des Kapp-Putsches hält er sich in der Akademischen Wehr, einem Zeitfreiwilligenverband bereit. An der Niederschlagung des Aufstands der „Roten Ruhrarmee" beteiligt er sich als Kommandeur des III. Bataillons der Ersten Westfälischen Reichswehrbrigade 7. Eng sind seine Kontakte zum Deutschvölkischen Schutz- und Trutzbund sowie zum Alldeutschen Verband – beides nationalistische und antisemitische Vereinigungen. Demokratisch ausgerichtete Hochschulversammlungen sind nicht selten den Störungen der deutsch-nationalen Studentengruppe ausgesetzt, der Niemöller und andere ehemalige Offiziere angehören.

Die Jahre 1923 bis 1931 stehen im Zeichen der Tätigkeit Niemöllers für die Innere Mission der westfälischen Kirchenprovinz. Ohne den Kampf gegen Armut und Elend aus dem Auge zu verlieren, sorgt er als hauptamtlicher Geschäftsführer dafür, dass die örtlichen karikativen Anstalten und Einrichtungen Westfalens zu einer einheitlichen kirchlichen Haltung gelangen. Das Ziel ist, den Einfluss des Staates auf die Erziehung der Kinder und Jugend zurückzudrängen.

Der in der Weimarer Verfassung festgeschriebenen Trennung von Kirche und Staat stehen Niemöller und die Mehrheit der Gottesdiener skeptisch gegenüber. Die Kirche ist nicht bereit, die von ihr seit Jahrhunderten verantwortete sittliche Erziehung des Volkes an eine Behörde abzutreten. Unabhängig von ihren Wohlfahrtsleistungen sind die öffentlichen Ämter, so argwöhnt man, Instrumente zur Durchsetzung sozialdemokratischer Gesinnung. Nicht der Staat, sondern die Familie ist für den Seelsorger das wichtigste Fundament der Gesellschaft. Sie ist

der Ort christlicher Gemeinschaft und Quelle der Kraft des Volkes – eine Überzeugung, die Niemöller mit Ehefrau und sieben Kindern vorlebt.
Im Jahre 1931 wird Martin Niemöller Gemeindepfarrer in Berlin-Dahlem. Der Pfarrei gehören angesehene und wohlhabende Persönlichkeiten an, der Staatssekretär im Reichsinnenministerium, Herbert von Bismarck, der Generaloberst der Heeresleitung, Kurt Freiherr von Hammerstein-Equord, der Physiker Professor Otto Hahn, der Arzt Professor Ferdinand Sauerbuch, einige Künstler und andere.

Adolf Hitler und Reichsbischof Ludwig Müller auf dem Nürnberger Parteitag. 1934

Es ist die Zeit des Aufschwungs der von Niemöller seit 1924 gewählten NSDAP, die sich gegen den Versailler Vertrag und die Politik der „Novemberverbrecher" wendet. Die Partei scheint für jenen politischen Neuanfang zu stehen, den Niemöller seit 1919 anstrebt und den er nach Kräften unterstützt. In einem Rundfunkvortrag etwa hofft der Dahlemer „nationalsozialistische Pfarrer" 1931 auf das baldige Erscheinen eines Führers, den er als Geschenk, als Gabe Gottes betrachtet.

Zur allgemeinen Überraschung taucht Niemöller nach 1933 nicht als eine der führenden Personen unter den in der evangelischen Kirche sich sammelnden Nationalsozialisten auf. Selbst eine Mitgliedschaft in der NSDAP kommt für ihn nicht in Frage, weil er seiner Gemeinde jederzeit als Mann Gottes und nicht als Parteimann gegenübertreten will.

Die Masse der teilweise bereits seit den zwanziger Jahren organisiert auftretenden völkischen Protestanten schließt sich der Glaubensbewegung der „Deutschen Christen" an. Bei ihnen gehen Christentum und Nationalsozialismus gleichermaßen auf Gott zurück, beide haben somit einen gemeinsamen Ursprung. In der Realität erweisen sich die Deutschen Christen als eine unselbständige, dem Nationalsozialismus hörige Strömung.

Für Martin Niemöller sind Christentum und Nationalsozialismus dagegen zwei ganz verschiedene Dinge. Der Christ hat nur auf das Wort Gottes zu hören und auf nichts anderes:

„Das Wort ist die Gottesgabe, die unserer Kirche anvertraut ist; und mit ihr allein wird sie allezeit zu dienen haben, damit unser Volk nicht arm werde an ewigem Gut und damit das gewaltige Werk der völkischen Einigung und Erhebung, das unter uns begonnen ist, einen unerschütterlichen Grund und dauernden Bestand gewinne!" [1]

Der Kirchenstreit beginnt. Niemöller und andere evangelische Theologen gründen gegen die Deutschen Christen die „Jungreformatorische Bewegung", die sich bei aller Befürwortung des neuen Staates gegen jegliche politische Beeinflussung wendet.

Formal geht es um eine Auseinandersetzung zwischen zwei protestantischen Strömungen, aber der nationalsozialistische Staat verhält sich dabei keineswegs neutral. An der ersten Reichstagung der Deutschen Christen im April 1933 - sie steht unter Leitung von Joachim Hossfelder, nationalistischer Pfarrer und ehemaliger Freikorpskämpfer wie Niemöller - ergreifen die neuen Machthaber durch ihre teilnehmenden Vertreter Reichsinnenminister Wilhelm Frick und Ministerpräsident Hermann Göring deutlich Partei.

In einem Punkt ihrer Forderungen stoßen die Deutschen Christen auch in der evangelischen Kirche außerhalb ihrer Reihen auf Anklang. Es soll – ähnlich wie bei den Katholiken - nur noch eine Reichskirche statt 28 Landeskirchen geben, und an ihre Spitze gehört gemäß dem Führerprinzip ein souveräner Reichsbischof. Diese Reichskirche braucht eine Verfassung; an ihrer Ausarbeitung wird neben Vertretern der traditionellen Richtungen – Lutherische, Unierte und Reformierte – auch der von Adolf Hitler zum „Beauftragten für evangelische Angelegenheiten" ernannte Königsberger Wehrkreispfarrer Ludwig Müller, beteiligt.

Nachdem die Verfassung vorliegt, entzünden sich die Auseinandersetzungen an der Frage, wer die Reichskirche führen soll. Während die Deutschen Christen in Ludwig Müller den künftigen Reichsbischof sehen, präferieren die Jungreformatoren die konservative Symbolgestalt Friedrich von Bodelschwingh, Leiter der Betheler Anstalten. Letzterer gewinnt die Wahlen, tritt indes nach kurzer Zeit unter dem Druck einer beispiellosen Hetzkampagne, besonders seitens der Deutschen Christen, zurück. Eine Neuwahl im Juli 1933 bringt Müller mit direk-

---

[1] Martin Niemöller, Vom U-Boot zur Kanzel, Berlin 1934, S. 211

ter Unterstützung Hitlers an die Spitze der protestantischen Kirche im Deutschen Reich.

Nun melden die Deutschen Christen ihre nächsten Forderungen an. Unter Anwendung des „Arierparagraphen" sollen alle jüdischen Beschäftigten der Kirche, allen voran die getauften Pfarrer jüdischer Herkunft, entlassen werden. Dagegen und generell gegen die Willkür- und Machtergreifungsmaßnahmen der deutschchristlichen Kirchregierungen setzen sich die Jungreformatoren zur Wehr. Im September 1933 gründet sich unter Leitung von Martin Niemöller der Pfarrernot-bund, der sich durch juristische Beratung, finanzielle Unterstützung sowie seelsorgerische Hilfe solidarisch gegen die von Kirchenleitungen vorgenommenen willkürlichen Versetzungen und Entlassungen „rassisch" oder theologisch Unbequemer wendet. Juristischen Beratern des Notbunds gelingt es sogar, inhaftierte Pfarrer freizubekommen.

Bis zum Jahresende 1933 treten dem Bund 7.000 Geistliche bei; damit vertritt Niemöller vierzig Prozent der evangelischen Pfarrer. Sorgfältig ist man bemüht, den innerkirchlichen Charakter der Auseinandersetzungen zu wahren. Den Seelsorgern „nichtarischer" Abstammung empfiehlt Niemöller, angesichts der gegebenen Drucksituation Zurückhaltung zu üben und möglichst kein kirchliches Amt anzustreben. Neben dem Pfarrernotbund leistet später auch das Büro Pfarrer Grüber, das sich unweit vom Werderschen Markt, hinter der Schleusenbrücke „An der Stechbahn" befindet, für rassisch Verfolgte solidarische Hilfe.

Die verbalen antijüdischen Ausfälle aus Kreisen der Deutschen Christen fallen teils derart krass aus, dass sie selbst in den eigenen Reihen auf Unverständnis und Ablehnung stoßen. Bereits gegen Ende 1933 hat die deutschchristliche Strömung trotz aller Gegenbemühungen des Reichsbischofs ihren Zenit erreicht.

Die NS-Führung beschreitet nun neue Wege zur Gleichschaltung der evangelischen Kirche. Ein im Januar 1934 veranstaltetes Treffen Hitlers mit fünfzehn führenden Kirchenvertretern in der Reichskanzlei – Reichsbischof Müller und vier weitere Deutsche Christen sowie neun Kirchenführer und Niemöller für den Pfarrernotbund – trägt zur Klärung der Frontverläufe bei. In einem Wortwechsel mit Hitler entgegnet Niemöller dem „Führer":

„Sie haben gesagt: Die Sorge für das deutsche Volk überlassen Sie mir. Dazu muss ich erklären, dass weder Sie noch sonst eine Macht in der Welt in der Lage sind, uns als Christen die uns von Gott auferlegte Verantwortung für unser Volk abzunehmen." [2]

Dass Hitler mit dem Pfarrer nach diesem Affront nicht umgehend kurzen Prozeß macht – eine Gelegenheit hätte sich ein halbes Jahr später während des Röhm-Putsches ergeben - sondern ihn noch dreieinhalb Jahre in Freiheit gewähren lässt, ist bis heute Gegenstand von Spekulationen.

---

[2] Jürgen Schmidt, Niemöller im Kirchenkampf. Zit. n.: Matthias Schreiber, Martin Niemöller, Hamburg 2008, S. 65

Bei den Predigten vor seiner Gemeinde nimmt Niemöller erst recht kein Blatt vor den Mund. Die Schriftstellerin und Historikerin Ricarda Huch notiert am 3. September 1934 im Tagebuch:
„Gestern war ich in der schönen alten Dahlemer Kirche und hörte Niemöller predigen. Ich war überrascht, daß es eine offene Opposition war …"[3]

Als Gegenpol zur Strömung der Deutschen Christen schließen sich die oppositionellen Kräfte der Deutschen Evangelischen Kirchen im Frühjahr 1934 unter Einschluss des Pfarrernotbunds zur „Bekennenden Kirche" (BK) zusammen. Diese erkennt den Reichsbischof und dessen innerkirchlichen Rechtsbrüche nicht an, sondern bildet ein eigenes Leitungsgremium, den Bruderrat, dem auch Martin Niemöller angehört.

Im Oktober 1934 gibt sich die zweite Reichsbekenntnissynode in Berlin-Dahlem unter Aberkennung der Reichskirchenverfassung ein eigenes „kirchliches Notrecht". Niemöller ist Mitglied des sechsköpfigen Rats, der aus dem Bruderrat heraus entsteht. Es gibt nun zwei Körperschaften mit dem Anspruch, Deutsche Evangelische Kirche zu sein, die deutsch-christliche Reichskirche und die Bekennende Kirche, die sich im Gegensatz zu der an Volkstum und Rasse orientierten ersteren ausschließlich dem Wort Gottes verpflichtet fühlt und – so die erste Synode – keine anderen „Ereignisse und Mächte, Gestalten und Wahrheiten als Gottes Offenbarung anerkennen."

Die „Bekennenden" lösen eine neue, grundsätzlichere Phase im Kirchenstreit aus. Die damals allgemeine theologische Auffassung, dass selbst der Unrechtsstaat dem Christen Gehorsam abverlangt, wird indes von ihnen nicht, auch nicht von Niemöller, in Frage gestellt, während Dietrich Bonhöffer, Leiter des Predigerseminars der BK in Finsterwalde, den Tyrannenmord für christlich geboten hält. Man glaubt weiterhin, es trotz gewisser Widrigkeiten mit einem Rechtsstaat zu tun zu haben.

Die Abwehr der sich häufenden Repressalien des Staates, seiner Versuche, die gespaltene Kirche unter Kontrolle zu halten, verschiebt den Kirchenkampf mehr und mehr ins Politische. Die Bekennende Kirche wird seitens der Reichsregierung nicht nur nicht anerkannt, sondern zunehmend bekämpft. Pfarrer werden verhaftet (allerdings zumeist wieder freigelassen), die Bruderräte dürfen nicht kirchenleitend tätig sein, es kommt zur Auflösung der theologischen Prüfungsämter und der Predigerseminare, einzelne Pfarrer erhalten Redeverbote, gottesdienstliche Bekanntmachungen und Fürbittgebete unterliegen der Zensur, das Sammeln eigener Kollekten wird verboten. Nach 1936 häufen sich die Publikationsverbote, die Kontrolle der Gehaltszahlungen an BK-Pfarrer wird eingeführt, die Bekennende Kirche darf nicht mehr ausbilden, immer wieder werden führende Mitglieder verhaftet. Allein 1937 werden fast 800 Pfarrer und Kirchenjuristen der Bekennenden Kirche vor Gericht gestellt.

---

[3] Dieter Schmidt, Martin Niemöller. Eine Biografie, Hamburg 1983, S. 117

Die objektiv nicht mehr nur auf Kirchenkampf beschränkte Gegenwehr von Niemöller und anderen radikalen Vertretern der Bekennenden führt zu einem ersten folgenschweren Zusammenprall. In einer Denkschrift an den „Führer" vom 4. Juni 1936 wird neben den Deutschen Christen erstmals die Reichsregierung untere Namensnennung Hitlers und einiger andere führender NS-Machthaber kritisiert:

„Wenn hier Blut, Rasse, Volkstum und Ehre den Rang von Ewigkeitswerten erhalten, so wird der evangelische Christ durch das erste Gebot gezwungen, diese Bewertung abzulehnen." [4]

Als die Denkschrift gegen den Willen ihrer Verfasser ins Ausland gelangt und dort veröffentlicht wird, verhaftet man den Büroleiter der BK, Friedrich Weißler und verbringt ihn unter dem Verdacht konspirativer Auslandsbeziehungen ins Konzentrationslager Sachsenhausen. Dort stirbt der jüdischstämmige Geistliche an den Folgen der Mißhandlungen.

St.-Annen-Kirche in Berlin-Dahlem

Ereignisse dieser Art, die zeigen, wozu der NS-Machtapparat fähig ist, mögen in Teilen der Bekennenden Kirche Einschüchterung und Zurückhaltung auslösen. Nicht so bei Martin Niemöller. Nirgendwo wird die nationalsozialistische Kirchenpolitik öffentlich schärfer kritisiert als bei den Predigten von der Kanzel der St.-Annen-Kirche in Berlin-Dahlem. Am 17. Juni 1937 fragt der Pfarrer:

---

[4] Der Wortlaut der Protestschrift der Deutschen Evangelischen Kirche an Reichskanzler Hitler, Gedenkstätte Deutscher Widerstand, Material 5/2. Zit. n.: Matthias Schreiber, Martin Niemöller, Hamburg 2008, S. 71

„Hat die christliche Kirche in ihren Gliedern und Amtsträgern heute noch das Recht, das der Führer ihr mit seinem Wort bestätigt hat – mit seinem Ehrenwort - , dass wir uns auf die Angriffe gegen die Kirche wehren dürfen, oder habe die Leute recht, die die Abwehr gegen den Unglauben uns –der christlichen Gemeinde – verbieten und unmöglich machen, und die Leute, die sich wehren, dafür ins Gefängnis bringen?" [5]

Diese von der Gestapo wie immer protokollierten Äußerungen, in denen Hitler Wortbruch vorgeworfen wird, dürften das Fass zum Überlaufen gebracht haben. Nach inzwischen fünf mehrstündigen oder eintägigen Verhaftungen mit kurzen Vernehmungen, kommt es am 1. Juli 1937 zu der eingangs erwähnten Festnahme Niemöllers. Eine 1987 im Vestibül der Friedrichswerderschen Kirche angebrachte rechteckige technische Kupfertafel (ca. 100 cm x 70 cm) erinnert an die Verhaftungen, mit denen die Gestapo dem preußischen Bruderrat einen entscheidenden Schlag versetzen will.

Diesmal wird Niemöller inhaftiert, als Häftling Nr. 1325 in der Einzelzelle 448 des Untersuchungsgefängnisses Moabit. Weltweites Aufsehen und eine internationale Protestwelle sind die Folgen. Erst im Februar 1938 findet vor dem Sondergericht beim Landgericht Berlin der Prozess statt. Der Vorwurf, wonach Niemöller die Kanzel zu politischer Agitation mißbraucht und damit Verbrechen gegen Staat und Volk begangen haben soll, wird nach Ansicht der Richter durch die Spitzelberichte der Gestapo nicht hinreichend belegt. Man spricht „den Mann von unbedingter Wahrheitsliebe" von der Anklage der Heimtücke, des Hoch- und Landesverrats frei. Das Urteil von sieben Monaten Festungshaft gilt durch die Untersuchungshaft als verbüßt.

Hitler verhindert persönlich jedes weitere öffentliche Auftreten und Wirken seines Hauptopponenten gegen die Gleichschaltung der Kirche. Direkt von Moabit wird Niemöller ins Konzentrationslager Sachsenhausen verbracht. Als persönlicher Gefangener des Führers wird der Pfarrer überwiegend gut behandelt; er darf regelmäßig Briefe schreiben, Besuch empfangen und bekommt zu den Mahlzeiten die doppelte SS-Ration. Trotz seiner totalen Isolation weiß er angesichts der Schreie der gequälten Mitgefangenen und anderer Details bald, was um ihn herum vorgeht. Diese Eindrücke und die eigene Ungewissheit belasten Martin Niemöller schwer. Im März 1941 darf Niemöller für eine halbe Stunde an das Sterbebett seines Vaters in Elberfeld. Einige Monate später wird er in das Konzentrationslager Dachau verlegt.

Am 24. April 1945 beginnt der SS-Transport etlicher Sonderhäftlinge von Dachau in Richtung Alpen. Die Gefangenen müssen mit allem rechnen. Neben Niemöller befinden sich unter ihnen die Generale Falkenhausen, Halder und Thomas, allesamt Mitwisser des 20. Juli 1944, der ehemalige österreichische Bundeskanzler Kurt von Schuschnigg, der einstige ungarische Ministerpräsident Nicholas Graf Kóllax und – Hjalmar Schacht, in Ungnade gefallener Wirtschaftsminister und Reichsbankpräsident vom Werderschen Markt (s. das entspr. Kapitel weiter oben).

---

[5] Dahlemer Predigten 1936/1937, München 1981, S. 168

Am 4. Mai nehmen die Amerikaner die Häftlinge in Gewahrsam. Für Niemöller folgen einige unruhige Wochen ständiger Transporte durch Italien, Frankreich, zuletzt nach Wiesbaden, verbunden mit zahlreichen Verhören durch politische Offiziere. Erst am 19. Juni kommt er frei.

Die inneren Angelegenheiten der Kirche und nur diese galt es aus der Sicht Niemöllers gegen die Übergriffe des Staates, der Partei und der Deutschen Christen zu verteidigen. Er sah keinen Raum, sich entsprechend dem Gebot der Nächstenliebe um das Gemeinwohl, um den gefährdeten Einzelnen zu kümmern. Selbstkritisch bestätigte dies Niemöller viele Jahre später:

„Als die Nazis die Kommunisten holten, habe ich geschwiegen; ich war ja kein Kommunist. Als sie die Sozialdemokraten einsperrten, habe ich geschwiegen, ich war ja kein Sozialdemokrat. Als sie die Gewerkschafter holten, habe ich geschwiegen; ich war ja kein Gewerkschafter. Als sie mich holten, gab es keinen mehr, der protestieren konnte." [6]

Wer sich die Mühe macht, Denken und Handeln von Menschen aus deren Zeit heraus zu beurteilen, bleibt weit davon entfernt, den Stab über Martin Niemöller zu brechen.

Grabmal Martin Niemöllers auf dem Alten Evangelischen Friedhof Wersen

In der Bundesrepublik steht Martin Niemöller mitten im gesellschaftlichen Leben; immer streitbar – und nicht unumstritten. Viele Jahre ist er Kirchenpräsident der Evangelischen Kirche in Hessen und Nassau und leitet das von ihm gegründete Kirchliche Außenamt in Frankfurt am Main. Mit Otto Dibelius, Bi-

---

[6] Zit. n.: Matthias Schreiber, a. a. O., S. 76

schoff der Evangelischen Kirche Berlin-Brandenburg, streitet Niemöller von Bruderratspositionen her für eine Überwindung des Landeskirchentums. Schärfster Kritik Niemöllers unterliegen die das Land spaltende Gründung der Bundesrepublik Deutschland; er wendet sich gegen die Wiederbewaffnung, gegen die Haltung der Kirche während des Kalten Krieges und verurteilt die Rüstungspolitik der Großmächte. Seine polarisierenden Positionen bringen ihm massive Anhängerschaft wie deutliche Ablehnung ein. Im Alter unterstützt er die außerparlamentarische Opposition. Seine Grabstelle auf dem St.-Annen-Kirchhof in Berlin-Dahlem überlässt er 1980 dem verstorbenen Achtundsechziger Rudi Dutschke.

Martin Niemöller stirbt am 6. März 1984. Begraben wird er in Lotte-Wersen bei Osnabrück, dem Geburtsort seines Vaters und der Heimat seiner Vorfahren.

9. Väter eines totgeweihten Kindes. Walter Ulbricht und Erich Honecker

Das Gebäude der neuen Reichsbank steht drei Jahrzehnte lang für die Herrschaft der Sozialistischen Einheitspartei Deutschlands in der Deutschen Demokratischen Republik.

Das Bauwerk übersteht den Krieg weitgehend unbeschadet. Zwar brennen die oberen Stockwerke aus; die Stahlkonstruktion und die Betondecken gewährleisten indes, dass der innere Aufbau des Hauses erhalten bleibt. Schon im Juni 1945 kann das Berliner Stadtkontor, zuständig für Bankgeschäfte im viergeteilten Berlin, Räumlichkeiten nutzen. Nach Beendigung der Instandsetzungsarbeiten zieht im Herbst 1949 das Finanzministerium der soeben gegründeten DDR ein. Es kommt zu ersten inneren Umbauten. Was einmal die Kassenhalle 1 der Reichsbank war, ist nun der Festsaal.

Haus des Zentralkomitees der SED, Hauptfassade

Weitere zehn Jahre später, ab 1959 ist das Gebäude Sitz des Zentralkomitees (ZK) der Sozialistischen Einheitspartei Deutschlands (SED). Der Festsaal wird zu einem Saal für Kongresse umgebaut. Rechts auf der Bühne steht eine mehrere Meter hohe, aus hellem Material gefertigte Leninstatue. Vom Dach prangt ein Parteiemblem der SED, das später – nachts erleuchtet und in mehrfacher Vergrößerung – an die rechte Seite der Vorderfront wandert. Das Obergeschoss ist nun die Chefetage. Im Zentrum der Fassade, über dem Haupteingang befindet sich das Büro des Generalsekretärs des ZK der SED.

Das Haus am Werderschen Markt ist die politische Machtzentrale der DDR. Das dort ansässige Zentralkomitee fungiert zwischen den Parteitagen als höchstes Organ der SED. Die ZK-Sekretäre und -Abteilungsleiter sind den staatlichen Ministern übergeordnet und erteilen diesen ihre Weisungen. Die Minister sind zwar formal aus den (undemokratischen) Volkskammer- (Parlaments)-Wahlen hervorgegangen, ihr Handeln hat sich jedoch der Führungsrolle der SED unterzuordnen. Diese führende Rolle der Partei, die das gesamte gesellschaftliche Leben des Landes durchdringt, ist seit 1968 sogar in der Verfassung der DDR festgeschrieben.

Kongress-Saal im Haus des Zentralkomitees. 1985

Das Zentralkomitee wird auf dem Parteitag gewählt. Neben den zuletzt ca. 2.000 hauptamtlichen Mitarbeitern gehören ihm die hochrangigen Funktionäre aus dem Partei- und Staatsapparat an, die Leiter von Institutionen und wirtschaftlichen Kombinaten, Generäle, ausgewählte Schriftsteller mit Parteibuch und andere. Im Jahre 1989 hatte das ZK 165 Mitglieder und 57 Kandidaten – weit überwiegend Männer. Zweimal im Jahr bestätigt das Zentralkomitee auf Plenarsitzungen Entscheidungen, die das Politbüro vorbereitet hat.

Das Politbüro ist das oberste politische Führungsgremium der SED und damit des Staates DDR. Dieser kleine Kreis höchster Parteifunktionäre setzt sich zuletzt aus 26 Mitgliedern zusammen, darunter die zehn Sekretäre des ZK, die insgesamt 45 Abteilungen vorstehen. Vorsitzender des Politbüros ist der Generalsekretär bzw. Erste Sekretär des ZK der SED. Die offizielle Regierung, der Ministerrat, hat die Beschlüsse des Politbüros umzusetzen und wird dabei von der

Partei ständig kontrolliert. An der Spitze des Hauses am Werderschen Markt stehen als Generalsekretär bzw. Erster Sekretär des ZK der SED Walter Ulbricht und seit 1971 Erich Honecker.

Der 1893 in Leipzig geborene Walter Ulbricht (s. Bild) entstammt einer sozialdemokratisch geprägten Familie. Der gelernte Möbeltischler tritt mit 19 Jahren der SPD bei. Durch die Übernahme verschiedener Aufgaben in der Leipziger Arbeiterjugendbewegung und sein öffentliches Auftreten gegen die Kriegskredite der SPD-Parteiführung im Dezember 1914 wird er bald zu einem bekannten örtlichen Funktionär der Sozialdemokratie. Im Jahre 1917 wird er Mitglied der USPD und drei Jahre später der KPD.

Nach dem Ersten Weltkrieg beginnt die steile Funktionärs- und Politikerkarriere Walter Ulbrichts: Teilnahme am IV. Weltkongress der Kommunistischen Internationale (Komintern) 1920, sächsischer Landtagsabgeordneter 1926 bis 1929, Mitglied des Reichstags und zugleich des von Ernst Thälmann geleiteten Zentralkomitees der stalinistischen KPD 1928, Politischer Leiter des Partei-Bezirks Berlin, Brandenburg, Lausitz, Grenzmark ab 1929. Die Gewerkschaftspolitik der Partei, die eine radikalisierte, von der Strategie des Allgemeinen Deutschen Gewerkschaftsbundes abweichende Streikstrategie vertritt, gehört zum Arbeitsbereich Ulbrichts in der KPD-Führung. Er ist Mitorganisator des von KPD und NSDAP gemeinsam getragenen wilden Streiks der Berliner Verkehrsgesellschaft im November 1932.

Vom NS-Regime steckbrieflich gesucht, emigriert der Berufsrevolutionär Walter Ulbricht im Oktober 1933 nach Moskau, wo er sich nach Zwischenstationen in Paris und Prag von 1938 an bis gegen Kriegsende aufhält. Nach dem deutschen Einmarsch in die Sowjetunion erhält er von der Komintern den Auftrag, auf die deutschen Soldaten ideologisch einzuwirken. Während der Schlacht von Stalingrad fordert er per Megafon zum Überlaufen auf, und in den Kriegsgefangenenlagern propagiert er die KPD-Vorstellungen von einer Nachkriegsordnung in Deutschland. Ulbricht ist Mitbegründer des Nationalkomitees Freies Deutschland, in dem Emigranten und Kriegsgefangene zusammenarbeiten.

Die von Stalin kontrollierte Komintern hält Walter Ulbricht unter den nach Moskau emigrierten deutschen Kommunisten für besonders gut geeignet, nach Kriegsende auf deutschem Boden den Aufbau einer neuen gesellschaftlichen Ordnung und die dazu erforderlichen politischen Vorarbeiten zu leiten. Schon am 30. April 1945 fliegt die zehnköpfige Gruppe Ulbricht, darunter als Jüngster Wolfgang Leonhard, der drei Jahre später aus dem Osten fliehen und seinen Erlebnisbericht veröffentlichen wird, nach Deutschland und beginnt am 2. Mai im Sinne des Moskauer Auftrags zu handeln.

Für den Aufbau neuer Berliner Bezirksverwaltungen erteilt Ulbricht den Gruppenmitgliedern folgende Instruktion: Als Bezirksbürgermeister sind in den Arbeiterbezirken möglichst Sozialdemokraten, in den westlichen Vierteln antifaschistische Bürgerliche auszuwählen. Kommunisten müssen überall die Positionen des ersten stellvertretenden Bürgermeisters, des Dezernenten für Personalfragen und Volksbildung und des für die Polizei Zuständigen einnehmen. „Es ist doch ganz klar:", fasst Ulbricht zusammen, „Es muss demokratisch aussehen, aber wir müssen alles in der Hand haben." [1] Eine Leitlinie, die programmatisch für die Ostzone und die spätere Deutsche Demokratische Republik bis zu deren Ende bleibt!

Schritt für Schritt sorgt Ulbricht in den nachfolgenden Jahren dafür, dass alles fest in seiner und der Hand der Partei bleibt: Die Neugründung der KPD im Juni 1945, die Zwangsvereinigung von KPD und SPD zur SED im April 1946, der sich nur ein Drittel der Berliner SPD-Mitglieder anschließt, die Schaffung eines „Volkskammer" genannten DDR-Parlaments im Oktober 1949, das mit mehr als 99 Prozent der Stimmen gewählt wird und dessen Beschlüsse zum gleichen Prozentsatz gefasst werden, die Durchdringung der Legislative, Exekutive und Judikative durch SED-Nomenklaturkader, die bereits erwähnte Verankerung der SED-Führungsrolle in der DDR-Verfassung.

Auch persönlich konzentriert Ulbricht alle Macht auf sich. Er steht an der Spitze der Partei, ist formal bis 1960 Stellvertreter des Ministerpräsidenten Otto Grotewohl (ehemals SPD) und danach Vorsitzender des Staatsrats der DDR, eines Nachfolgeorgans des Präsidentenamtes, das Wilhelm Pieck (ehemals KPD) bis zu seinem Tod bekleidet hatte, und er ist Vorsitzender des Nationalen Verteidigungsrates.

Im Juli 1952 verkündet Ulbricht auf der II. Parteikonferenz der SED den Aufbau des Sozialismus in der DDR. Die nachfolgenden Jahre stehen im Zeichen der Stärkung der Schwerindustrie unter Vernachlässigung der Konsumgüterproduktion, der Kollektivierung der Landwirtschaft, der Zentralisierung der Regierung durch Abschaffung der Länder, des Aufbaus eines Ministeriums für Staatsicherheit und der Gründung der Nationalen Volksarmee.

Die Entscheidung zum Aufbau des Sozialismus hatte Ulbricht mit dem inzwischen erreichten hohen Stand des Bewusstseins der Arbeiterklasse begründet. Ein knappes Jahr später kommt es demgegenüber zu einem von Berliner Bauar-

---

[1] Wolfgang Leonard, Die Revolution entlässt ihre Kinder, Leipzig 1999, S. 406

beitern ausgelösten und von westlichen Medien unterstützten Volksaufstand, den sowjetische Panzer beenden.

Viele Bürger der DDR sind mit den Verhältnissen im Staat unzufrieden, was zu einer Massenabwanderung führt. Ulbricht (auf dem Bild in seinem Arbeitszimmer, 1959) und das Politbüro sehen den Ausweg in der Abriegelung des Fluchtziels Westberlin, wozu Nikita Chruschtschow, Erster Sekretär der KPdSU, schließlich sein Einverständnis erteilt. Mit welchen Mitteln der Zugang von DDR-Bürgern nach Westberlin verhindert werden soll verrät Ulbricht ausgerechnet auf einer Pressekonferenz. Auf die Frage einer Journalistin, die sich gar nicht auf die Art einer evtl. Isolierung Westberlins bezieht, antwortet er:

„Ich verstehe Ihre Frage so, dass es Menschen in Westdeutschland gibt, die wünschen, dass wir die Bauarbeiter der Hauptstadt der DDR mobilisieren, um eine Mauer aufzurichten, ja?

Ääh, mir ist nicht bekannt, dass solche Absicht besteht, da sich die Bauarbeiter in der Hauptstadt hauptsächlich mit Wohnungsbau beschäftigen, und ihre Arbeitskraft dafür voll ausgenutzt wird, voll eingesetzt wird. Niemand hat die Absicht, eine Mauer zu errichten!" [2]

Am 13. August 1961 wird die nahezu 170 Kilometer lange Grenze von Westberlin zu Berlin/DDR und zum Umland geschlossen.

Für das folgende Jahrzehnt kommt es unter dem Machtinhaber am Werderschen Markt zu einer gewissen wirtschaftlichen Stabilisierung. Im Rahmen des 1963 eingeführten „Neuen Ökonomischen Systems der Planung und Leitung" (NÖS) erhalten die einzelnen Betriebe größere Entscheidungsfreiheit. Verantwortlichkeiten werden nicht mehr so streng nach Parteizugehörigkeit und politischem Bekenntnis und stärker nach fachlicher Qualifikation vergeben. Computerisierung und elektronische Datenverarbeitung treibt man zur Verbesserung der wissenschaftlichen Leitung der Wirtschaft voran.

Ulbricht ist bemüht, die nationalen Besonderheiten gegenüber den sowjetischen und den Entwicklungen in anderen Ostblockländern stärker zu betonen. Sein Versuch, das NÖS als nachahmenswertes Vorbild zu deklarieren, stößt in-

---

[2] Fernsehübertragung, Videoportal YouTube

des in Moskau, aber auch bei Mitgliedern des Politbüros der SED auf Ablehnung. Die wirtschaftliche Abhängigkeit von der Sowjetunion zu lockern, mißlingt. Bei der Uniformierung der Streitkräfte der Nationalen Volksarmee greift man auf Traditionen der Wehrmacht und vorangegangener Armeen zurück, während sich in allen anderen Armeen des Warschauer Pakts die Bekleidung des Soldaten weitgehend der sowjetischen gleicht. Gegenüber der Bundesrepublik kann es laut Ulbricht-Doktrin nur auf der Grundlage der wechselseitigen vollen Anerkennung der Souveränität zu normalen diplomatischen Beziehungen kommen.

Mit dem Bau des Fernsehturms am Berliner Alexanderplatz versucht Walter Ulbricht, sich selbst ein bleibendes Denkmal zu setzten. In seine Verantwortung fällt aber auch der zumeist ideologisch motivierte Abriss rekonstruierbarer Kriegsruinen historischer Bauten. Das Berliner Schloss muss einem Aufmarschplatz samt Tribüne nach Moskauer Vorbild weichen. Ebenfalls gesprengt werden trotz Bürgerprotesten und Inhaftierungen Stadtschloss und Garnisonkirche in Potsdam, die Ulrichkirche in Magdeburg, die Dresdner Sophienkirche und die weitgehend intakte siebenhundertjährige Universitätskirche in Leipzig. Später wird auch die Berliner Versöhnungskirche im Mauerstreifen der Bernauer Straße gesprengt.

Gegen Ende der sechziger Jahre gerät Ulbricht in ernsthafte politische Konflikte. Mitglieder des Politbüros der SED lehnen Ulbrichts Alleingänge gegenüber der bundesdeutschen Brandt-Regierung ab, zugunsten wirtschaftlicher Vorteile vorerst auf die Maximalforderung nach politischer Anerkennung der DDR zu verzichten. Die Moskauer politische Führung unter Leonid Breschnew verübelt ihm, dass er mit seiner These vom „entwickelten gesellschaftlichen System des Sozialismus" den Monopolanspruch der KPdSU auf die Auslegung der marxistisch-leninistischen Grundsätze in Frage stellt. Die systemimmanente Ineffizienz der sozialistischen Ökonomie, Mangel an Konsumgütern, Mangel an Material, Mangel an breitenwirksamen Hochtechnologien, Zurückbleiben gegenüber der westdeutschen Wirtschaft kommt unter Ulbricht voll zur Entfaltung und führt in der Bevölkerung zu verbreiteter Unzufriedenheit. Nur für die ersten Jahre kann das Zurückbleiben gegenüber der Bundesrepublik mit der vergleichsweise schlechteren Ausgangssituation in Form der dünnen Roh- und Grundstoffbasis des früheren Mitteldeutschlands erklärt werden.

Im Mai 1971 zwingt man Ulbricht, seinen Rücktritt zu erklären. An seine Stelle tritt der von Breschnew protegierte Erich Honecker – Mitbegründer und erster Vorsitzender der Freien Deutschen Jugend, Mitglied des Politbüros seit 1958, maßgeblicher Organisator des Mauerbaus in Berlin, von Ulbricht selbst frühzeitig zum Nachfolger bestimmt.

Walter Ulbricht stirbt im Jahre 1973. Letztlich scheitert der mächtigste Mann der DDR nicht an irgendwelchen einzelnen Fehlern seiner Politik, sondern an der Tatsache, dass ein politisches System auf der Grundlage konkurrenzloser, durch organisierten Wettbewerb nicht ersetzbarer verstaatlichter Wirtschaft und ohne politische Demokratie nicht überlebensfähig, ein totgeweihtes Kind ist. Das politische Schicksal seines Nachfolgers ist somit vorbestimmt.

Ansonsten unverändert, aber mit einem anderen Hauptinsassen rauschen wochentags allmorgendlich unter Geleitschutz die gepanzerten Staatskarossen (zuletzt für wertvolle Devisen von der schwedischen Firma Volvo erworben) aus dem Prominenten-Wohnstädtchen Wandlitz kommend in Berlin durch die Reihen der unsanierten, aber mit frischer Fassadenfarbe versehenen Häuser der Greifswalder Straße zum Werderschen Markt – und abends zurück.

Erich Honecker (s. Bild) zieht im Mai 1971 als Erster Sekretär, später Generalsekretär des Zentralkomitees der SED in das ehemalige Reichsbankgebäude ein. Im gleichen Jahr tritt er außerdem die Nachfolge Ulbrichts als Vorsitzender des nationalen Verteidigungsrats und 1976 als Staatsratsvorsitzender an.

Honecker genießt in der Bevölkerung insofern einen gewissen Vorschuß an Vertrauen, als er während der NS-Zeit ab 1935 zehn Jahre im Zuchthaus Brandenburg-Görden zubringen musste. Bis zu diesem Zeitpunkt liegt hinter dem 1912 in Wiebelskirchen (Saar) Geborenen bereits eine beachtliche politische Karriere: Mitglied im Jung-Spartakus-Bund, im Kommunistischen Jugendverband Deutschland, im Roten Jungsturm und seit 1930 in der KPD.

Prägend für den Kommunisten Erich Honecker wird die Internationale Lenin-Schule des Exekutivkomitees der Kommunistischen Internationale (EKKI) in Moskau, die er ab August 1930 nach Abbruch seiner Dachdeckerlehre für ein Jahr besucht. In Stalins Sowjetunion ist das die Zeit des Umbruchs in der Landwirtschaft. Die brutale Enteignung der Großbauern („Entkulakisierung") und die erbarmungslose Kollektivierung der Landwirtschaft durch die Bildung von Kolchosen führen dazu, dass die Produktion von Getreide auf ein Minimum schrumpft, die Bauern gezwungen werden, das Letzte an Körnern und Lebensmitteln abzuliefern und eine Hungersnot ausbricht, der 1932 und 1933 allein in der Ukraine weit über drei Millionen Menschen zum Opfer fallen.

Ein halbes Jahrhundert später stellen sich diese Ereignisse für Honecker in seiner Autobiografie immer noch so dar, wie sie offenbar damals auf der Lenin-Schule als ewige Wahrheiten verkündet wurden:

„Die einzige Antwort auf diese konterrevolutionären Aktivitäten (gemeint sind Abwehrmaßnahmen der Großbauern in Form von Einbehaltung lieferpflichtigen Getreides – H. Z.) war die verstärkte Bildung von Kollektivwirtschaften der Klein- und Mittelbauern. Um sie zu schützen und zu stärken, mussten die Kulaken, die meist den besten Boden an sich gebracht hatten, enteignet werden." [3]

Stalin bleibt für Honecker lebenslang wichtigste politische Bezugsfigur – trotz der Geheimrede Chruschtschows zum Personenkult um Stalin auf dem XX. Parteitag der KPdSU im Februar 1956, an dem Honecker persönlich teilnimmt, trotz der zahlreichen veröffentlichten Anstrengungen von Politikern, Journalisten und Künstlern, die – unter Zensierung seitens der sowjetischen Führung - ein differenziertes Bild stalinscher Politik entwerfen.

Der VIII. Parteitag der Sozialistischen Einheitspartei Deutschlands im Juni 1971 bildet das Forum, auf dem der neue Parteichef die Schwerpunkte seiner Politik verkündet. Der von ihm vorgetragene Bericht des Zentralkomitees der SED betont die „enge Freundschaft mit dem Lande Lenins, der ruhmreichen Sowjetunion". Die SED werde (unausgesprochen in Abgrenzung von Ulbrichts Doktrin) kein eigenes Modell entwickeln, sondern:

„Wir machen uns die großen theoretischen und praktischen Erfahrungen der Sowjetunion zu eigen und wenden sie auf unsere konkreten Bedingungen an." [4]

Bei Ulbricht hatte mit dem NÖS die Wirtschaftspolitik im Zentrum gestanden. Honecker erklärt die „Einheit von Wirtschafts- und Sozialpolitik" zur Hauptaufgabe. Die arbeitende Bevölkerung soll von den wirtschaftlichen Fortschritten spürbar profitieren. Euphorisch verkündet der Erste Sekretär:

„Unser Stil ist Stabilität der sehr beträchtlichen Wachstumsraten, Stabilität im Rhythmus der Produktion; Stabilität der Versorgung und Stabilität der Verbraucherpreise. Das ist eine Aufgabe, die den aktiven Einsatz aller verlangt und auch etwas Zeit, aber sie ist lösbar, und sie wird gelöst werden." [5]

Keine dieser Stabilitäten ist unter den Bedingungen zentraler Planwirtschaft erreichbar, umso weniger als in den folgenden Jahren der letzte durchaus noch ansehnliche Rest halbprivater und privater Betriebe verstaatlicht wird und – während die Konzerne im Westen organisatorisch dezentralisieren und ihren Tochterbetrieben mehr Selbständigkeit übertragen – in der DDR die Betriebe eines Industriezweiges bürokratisch zu einem einzigen oder zu wenigen Kombinaten zusammengeschlossen werden. Immerhin entschärft sich unter Honecker spürbar das gravierende Wohnungsproblem u. a. durch 1,92 Millionen Wohnungen in Plattenbauweise. Die wirtschaftliche Lage bleibt schwierig; milliarden-

---

[3] Erich Honecker, Aus meinem Leben, Berlin 1981, S. 40
[4] Ders., Bericht des Zentralkomitees an den VIII. Parteitag der SED, Berlin 1971, S. 13, 14
[5] a. a. O., S. 56

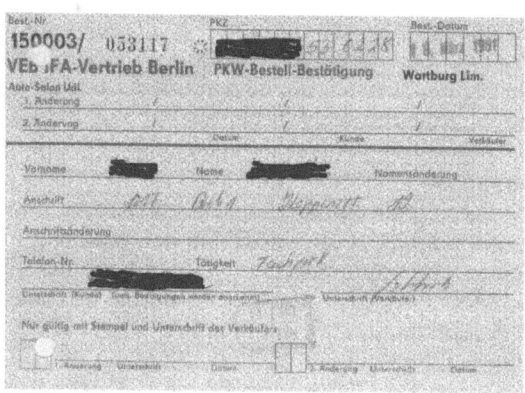

hohe Kredite aus der Bundesrepublik tragen dazu bei, den Lebensstandard der Bevölkerung zu halten. Zu den außenpolitischen Erfolgen Honeckers gehört die Verabschiedung des Grundlagenvertrags mit der Bundesrepublik im Jahre 1973, wonach sich beide Seiten als selbständige Staaten anerkennen und botschaftsähnliche Ständige Vertretungen einrichten. Im gleichen Jahr kommt es zur Aufnahme der DDR in die UNO sowie zur Unterzeichnung der KSZE-Akte von Helsinki mit der Verpflichtung zur Wahrung der Menschenrechte und Grundfreiheiten, die von der DDR zu keiner Zeit eingehalten wird.

Innenpolitisch kommt es in der Ära Honecker zur Ausbürgerung von Regimekritikern, darunter des Liedermachers Wolf Biermann im Jahre 1976. Zur Unterdrückung des inneren Widerstands überzieht Erich Mielke, Minister für Staatssicherheit und ehemals Mitstudent Honeckers an der Moskauer Leninschule, das Land mit einem Spitzelsystem von zuletzt 280.000 hauptamtlichen und inoffiziellen Mitarbeitern.

Diese weitere Ausprägung des Überwachungsstaates fällt in Wirtschaft und Versorgung mit der Verschärfung der negativen Tendenzen der siebziger Jahre zusammen. Vieljährige Wartezeiten auf eine Wohnung, ein Auto, einen Telefonanschluss oder sogar auf Fliesen, Schrumpfung der zuverlässigen Versorgung auf zuletzt im Wesentlichen nur noch Waren des Grundbedarfs (s. Bilder), fortschreitender, bis an den Rand der Auflösung reichender Verschleiß der Straßen und Schienenwege, der unterirdischen Infrastruktur sowie der Gebäude in den Städten, aber auch zusätzliche Einschränkungen der Reisefreiheit, nunmehr sogar in die sogenannten sozialistischen Länder, lösen in der Bevölkerung eine breite Unzufriedenheit aus. Es häufen sich die Fluchtversuche und die Ausreiseanträge in die Bundesrepublik, verbunden mit verstärkten Repressalien wie Berufsverbot, Zwangsaussiedlung und Gefängnishaft. Die Montagsdemonstrationen ab September 1989 in Leipzig, denen sich im Oktober weitere Großstädte anschließen, zeugen von ersten spürbaren Kontrollverlusten des Machtapparats. Michail Gorbatschow, seit März 1985 Generalsekretär des ZK der KPdSU, lehnt eine Fortsetzung der jahrzehntelang praktizierten Einmischungen der UdSSR in die inneren Angelegenheiten der einzelnen Ostblockstaaten ab.

Die Einsicht, dass es in der DDR so nicht weitergehen kann, reicht bis weit in die herrschenden Schichten hinein. Im Politbüro glaubt man, sich dem Druck durch Austausch der führenden Person entziehen zu können. Im Oktober 1989 wird Honecker gezwungen zurückzutreten. Nach Kündigung der Wohnung in Wandlitz, nach Unterkunft in einem Pfarrhaus, mehreren Gefängnisaufenthalten und zwischenzeitlichem Exil in Moskau fliegt er 1993 nach Santiago de Chile, wo er im Mai des folgenden Jahres stirbt.

Nach dem Sturz Honeckers residiert im Haus am Werderschen Markt für einige Herbstwochen des Jahres 1989 sein Nachfolger Egon Krenz. Der letzte Parteitag der SED wählt Gregor Gysi zum neuen Vorsitzenden. Unter ihm wird 1990 das Zentralkomitee aufgelöst und das Gebäude geräumt. Im gleichen Jahr verschwindet das SED-Emblem von der Hauswand. Der Ort ist nun das Haus der Parlamentarier, der im März 1990 frei gewählten Volksvertreter. Hier wird im September 1990 der Einigungsvertrag angenommen.

10. Epilog

Zum Kriegsende ist der Friedrichswerder südlich der Kirche ein einziges Trümmerfeld. Nur die ehemalige Reichsbank und ein Teil des oben erwähnten gegenüber dem Hausvogteiplatz befindlichen Regierungsgebäudes von 1857 (s. Bild) sind erhalten geblieben und können später mit einigem Aufwand wieder nutzbar gemacht werden.

Die gesamten fünfziger Jahre benötigt man, um den Raum von den Trümmern zu befreien. Am Gebäude der Reichsbank entstehen ein Parkplatz und die Grünfläche, deren Mitte ein Beet voller Stiefmütterchen ziert. Ansonsten findet sich nichts, was den Blick über die von der Kirche bis zum Spittelmarkt reichende schwarzgraue, von toten Straßen unterbrochene Öde ablenkt.

Bei genauerem Hinsehen fällt aber doch noch etwas auf. Es mutet wie ein überdimensionierter, mit Trümmerresten bestreuter Maulwurfshügel an, was da an der Ecke der Jäger- und der Oberwallstraße die Ebene unterbricht. Später, als die Umgebung zur Rasenlandschaft geworden ist, fällt die Erhebung deutlicher ins Auge. Sie ragt halbmannshoch aus dem sonstigen Niveau heraus, und die Tür an der Ecke erreicht sogar normale Ausmaße. Hinter dem Eingang eine steile Treppe, die, vorbei an einem linkerhand in die Wand eingelassenen Kellerfenster, nach einem Rechtsschwenk endet. Die mächtigen Gewölbe dieses Kellers erstrecken sich sowohl entlang der Jäger-, als auch der Oberwallstraße. Die Gaststätte „Niquet-Keller" ist schlicht möbliert, aber stilvoll eingerichtet: zwischen den einfachen Sechs-Personen-Tischen geschnitzte, mit Garderobenhaken ausgestattete Raumteiler. An den Wänden Bilder der friedrichswerderschen Kirche, der alten Münze und anderer historischer Bauten der näheren Umgebung, aber auch einer Berliner Stadtlandschaft und der hoheitliche Adler sind zu sehen.

Niquet-Keller von 1839, Oberwall-Ecke Jägerstraße

Der Niquet-Keller ist eine der wenigen nach dem Krieg verbliebenen Stätten Altberliner Gastlichkeit, die von den Studenten der Humboldt-Universität und den Beschäftigten der Dienststellen in den überwiegend kriegsunversehrt gebliebenen Gebäuden westlich der Oberwallstraße gern besucht wird. Der problemlos zu erklimmende Maulwurfshügel wird vom Studierenden gelegentlich genutzt, wenn es – unmerklich im Eifer der Diskussionen – ein halber Liter Bier zu viel war.

Das Speisenangebot beschränkt sich auf Bockwurst mit Mayonnaisensalat – nicht zu vergleichen mit den Zeiten von „Friedrich Niquet, Jägerstraße Nr. 41, der Königl. Bank gegenüber", wie der Unternehmer seine Werbung zu unterschreiben pflegte. Niquet betreibt das Lokal seit 1839 in einem Haus, das nach dem Volksmund zu Berlins „gleichgültiger Ecke" gehört, weil hier „alles wurscht" ist. Weitere „Gleichgültigkeiten" vor Ort sind: „Alles Pomade" im Parfümeriegeschäft Treu und Nuglisch, „alles schnuppe" beim Lichtzieher und Kerzenhändler Gladebeck, „alles Jacke wie Hose" im Kleiderladen von Landsberger.

Der in Braunsberg bei Rheinsberg in der Mark geborene Louis Frédéric Niquet besitzt eine Fleisch- und Wurstfabrik, deren Erzeugnisse er in besagter Gaststätte offeriert, wobei „Wales-Würstchen" bald zu einem Sonderangebot seines Geschäfts werden. Der Keller ist in ganz Berlin bekannt und beliebt. Den Stadtflaneur Felix Philippi veranlasst das Lokal zu einem künstlerisch nicht sonderlich ausgefeilten würdigenden Gedicht: „Trinken können wir, / Haben wir Durst. / Für den Hunger / Niquets Wurst." [1] Ernst Kossak (Berlin und die Berliner, 1851) sieht sich beim Verzehr der vom „unterirdischen Nachbarn der Bank" angebotenen Wurst „schon auf Erden in einer Vorhalle des seligen Schlaraffenlandes."

Berlins Gleichgültige Ecke, Oberwall-Ecke Jägerstraße. F. Albert Schwartz um 1885

Im Jahre 1936 erweitert der damalige Inhaber den Keller wesentlich und verlegt den Eingang von der Jägerstraße auf die Ecke. Drei Jahre später – der Keller begeht gerade sein hundertstes Jubiläum - übernimmt das Reichskriminalpolizeiamt das gesamte Straßenkarre. Alle gewerblichen Unternehmungen verschwinden, nur der Niquet-Keller bleibt. Auch den Krieg übersteht das Lokal, nach Enttrümmerung der Obergeschosse verborgen unter Schutt und Ziegelresten. Während der gesamten fünfziger Jahre stört sich offenbar niemand an dem ungewöhnlichen, straßen- und zuletzt an zwei Seiten grünumrandeten Ort. Erst im Jahre 1963 ebnet man ihn ein und legt auch hier Rasen an. Vier Jahre zuvor war das Zentralkomitee der SED in das nahegelegene Reichsbankgebäude ein-

---

[1] Felix Philippi, Alt-Berlin Neue Folge, Berlin 1918, S. 122

gezogen. Galt der Maulwurfshügel den dortigen Hausherren als Schandfleck oder als Sicherheitsrisiko?

Während der gesamten DDR-Zeit kommt es im südlichen Friedrichswerder östlich von Nieder- und Oberwallstraße zu nur einer nennenswerten baulichen Veränderung: Das Zentralkomitee der SED expandiert räumlich nach Süden bis an die Kleine Kurstraße. Ansonsten bleibt die ehemals quicklebendige Gegend so, wie sie die Enttrümmerer zurückgelassen haben – leer, zuletzt nur von einem Spielplatz unterbrochen.

Auswärtiges Amt, Ostseite mit Neubau

Im Jahre 1995 wird entschieden, das Auswärtige Amt der Bundesrepublik Deutschland im ehemaligen ZK-Gebäude am Werderschen Markt unterzubringen. Mit der Renovierung beauftragt man den Architekten Hans Kollhoff. Dieser ist bestrebt, die Bauschichten der dreißiger und der fünfziger Jahre zu erhalten. Die neue Funktion des Hauses drückt der Architekt mit großen frischen, örtlich verteilten Farbfeldern aus.

In den Jahren 1997 bis 1999 folgt gegenüber der Hauptfassade des Altbaus der bis an die Werderstraße (nunmehr Werderscher Markt) reichende Neubau; der dazwischen verbleibende Freiraum wird als Protokollhof für Vorfahrt- und Empfang angelegt. Bei der Vorbereitung des Baugeländes kommt nach Entfernung von Rasen und Blumenbeet in geringer Tiefe eine alte hölzerne Wasserleitung zum Vorschein, offenbar die Verbindung der alten Münze mit dem Schleusenkanal.

Im wohltuenden Unterschied zu dem von den NS-Machthabern an gleicher Stelle geplanten Neubau gelingt den Berliner Architekten Thomas Müller und Ivan Reimann ein ausgesprochen einladendes Bauwerk. Die nach außen geöff-

neten Lichthöfe ermöglichen den ungehinderten Blickkontakt zur Kirche, zur Bauakademie und zu anderen Orten der Umgebung. Eine Photovoltaikanlage auf dem Dach des Neubaus sorgt für moderne Energieversorgung.

Auch weiter westlich wird zeitgleich gebaut. Das ehemalige Karree Gerson-Freudenberg, zuletzt Sitz des Reichskriminalpolizeiamts, wird nun von einem Hotel und von Büros dominiert. Zwischen Jägerstraße und Alter Leipziger Straße entsteht ab 2005 ein ganzes Viertel sogenannter Townhouses (s. Bild in der Niederwallstraße). Die Bebauung ist zumeist kleinteilig gehalten und unterschreitet teilweise die historische Parzellengröße - für selbstnutzende zahlungskräftige Eigentümer das passende Maß. Erfolgreich hat man die Entstehung eines Büro- und Geschäftsviertels verhindert, das abends verödet. Nach mehr als einem halben Jahrhundert ist urbanes Leben an diesen Ort der Innenstadt zurückgekehrt.

Literaturverzeichnis

Architekten-Verein zu Berlin und Vereinigung Berliner Architekten, Berlin und seine Bauten, Berlin 1896

Auswärtiges Amt (Hans Wilderotter), Das Haus am Werderschen Markt. Von der Reichsbank zum Auswärtigen Amt, Berlin 2012

Berliner Adressbuch

Eberhard von Brentano, Sophie Charlotte und Danckelmann, Wiesbaden 1949

Curt Breysig, Der Prozess gegen Eberhard Danckelmann, Leipzig 1889

Eberhard Cyran, Das Schloss an der Spree, Berlin 1983

Jürgen Engler (Hsg.), Berlin literarisch, Berlin 2012

Alfred Etzold, Wolfgang Türk, Der Dorotheenstädtische Friedhof, Berlin 2002

Festschrift zur Feier der Grundsteinlegung für den Erweiterungsbau der Reichshauptbank, Berlin 1934

E. Fidicin, Berlin historisch und topographisch, Berlin 1843

Theodor Fontane, Frau Jenny Treibel. In: Fontanes Werke in fünf Bänden, Dritter Band, Berlin und Weimar 1986

Theodor Fontane, Wanderungen durch Frankreich, Berlin 1970

Gustav Freytag, Bilder deutsche Vergangenheit, Band III Absolutismus und Aufklärung, Hamburg 1978

Dagmar Girra, Aufstieg und Fall eines Abenteurers. In: Berlinische Monatsschrift 5, 1999, S. 60 ff.

Dagmar Girra, Gedenktafeln in Mitte, Tiergarten, Wedding, Berlin 2000

Hans Guradze, Die Brotpreise in Berlin nebst den Kosten des Ernährungs- und Lebensbedarfs in Berlin während der ersten Hälfte 1921. In: Jahrbücher für Nationalökonomie und Statistik, Stuttgart 1921

Karl Gutzkow, Unter dem schwarzen Bären, Berlin 1971

Erdmann Gräser, Lemkes sel. Witwe, Zweiter Teil, Berlin o. J.

Alexander Harder, Kriminalzentrale Werderscher Markt. Die Geschichte des „Deutschen Scotland Yard", Bayreuth 1963

Adolf Heilborn, Die Reise nach Berlin, Berlin 1925

Margit Heinker, Die Architektur der Deutschen Reichsbank 1876-1918, Münster 1998

Erich Honecker, Aus meinem Leben, Berlin 1981

Erich Honecker, Bericht des Zentralkomitees an den VIII. Parteitag der SED, Berlin 1971

Holger Hübner, Das Gedächtnis der Stadt, Berlin 1997

Isodor Kastan, Berlin wie es war, Berlin 1919

Gesa Kessemeier, Herrmann Gerson. Ein Feentempel der Mode, Berlin 2013

Walther Kiaulehn, Berlin, München und Berlin 1958

Walter Kiess, Der Doppelspieler, Stuttgart 2011

Barbara Keller, Ernst Litfaß – eine Legende. In: Stadtmuseum Berlin, Ernst Litfaß (1816 – 1874) Bestandskatalog des Nachlasses, Berlin 1996

Barbara Keller, Ernst Litfaß, ein königstreuer Demokrat. In: Berlinische Monatsschrift, 1, 1996, S. 80 ff.

Heinz Knobloch, Berliner Grabsteine, Berlin 1978

Ruth Köhler, Wolfgang Richter (Hrsg.), Berliner Leben 1806-1847

Christopher Kopper, Hjalmar Schacht. Aufstieg und Fall von Hitlers mächtigstem Bankier, München 2010

Wolfgang Leonhard, Die Revolution entlässt ihre Kinder, Leipzig 1999

Winfried Löschburg, Spreegöttin mit Berliner Bär, Berlin 1987

Willy Mann, Berlin zur Zeit der Weimarer Republik, Berlin 1957

Paul Meier-Benneckenstein (Hrsg.), Dokumente der deutschen Politik, Bd. 1, Die nationalsozialistische Revolution, Berlin 1935

Hans Jürgen Mende, Dorotheenstädtischer Kirchhof und Französischer Friedhof, Berlin 2005

Alexander Meyer, Aus guter alter Zeit, Berlin 2006

Hedwig Michaelson, Das Haus Unterwasserstraße Nr. 5 in Geschichte und Kunst, Schriften des Vereins für die Geschichte Berlins, Heft 50, Berlin 1917

August Carl Müller, Geschichte des Friedrichs-Werderschen Gymnasiums zu Berlin, Berlin 1881

Johann Christof Müller, Georg Gottfried Küster, Altes und Neues Berlin, Erste Abteilung 1737; G. G. Küster, dto. Zweite Abteilung 1752; dto. Dritte Abteilung 1756; dto. Vierte Abteilung 1769

Friedrich Nicolai, Beschreibung der königlichen Residenzstadt Berlin, Berlin 1987

Friedrich Nicolai, Gesammelte Werke, Bd. 6, Hildesheim, Zürich, New York 1987

Martin Niemöller, Vom U-Boot zur Kanzel, Berlin 1934

Martin Niemöller, Dahlemer Predigten; Gütersloh 2011

Fred Oberhauser, Nicole Henneberg, Literarischer Führer Berlin, Frankfurt am Main, Leipzig 1998

Neander von Petersheiden, Neue anschauliche Tabellen von der gesamten Residenz-Stadt Berlin, Berlin 1801

Ernst Pilch, Zweihundertfünfzig Jahre Friedrichs-Werdersches Gymnasium, Berlin 1931

Leopold von Ranke, Preußische Geschichte I, o. J.

Ronald Rathert, Verbrechen und Verschwörung: Arthur Nebe, Münster o.J.

Ludwig Rellstab, Berlin und seine Umgebung um die Mitte des 19. Jahrhunderts, Berlin 1854, Reprint 1993

J. W. Richter, Benjamin Raule, der General-Marine-Direktor des Großen Kurfürsten, Jena, Berlin 1901

Erika Schachinger, Die Berliner Vorstadt Friedrichswerder 1658-1708, Köln 1993

Meta Schoepp, Benjamin Raule. Des Großen Kurfürsten großer Marinedirektor, Düsseld. o. J.

Hans-Joachim Schoeps, Preußen. Geschichte eines Staates, Berlin 1997

Wilfried F. Schöller, Ernst Litfaß Der Reklamekönig, Frankfurt am Main 2005

Dieter Schmidt, Martin Niemöller. Eine Biografie, Hamburg 1983

Matthias Schreiber, Martin Niemöller, Hamburg 2008

Herbert Schwenk, Brandenburg-Preußens Seemachtgelüste. In: Berlinische Monatsschrift 1, 1999, S. 11 ff.

Senatsverwaltung für Stadtentwicklung, Friedrichswerder. Mitten in Berlin, 2003

Wolf Jobst Siedler, Ein Leben wird besichtigt, Berlin 2002

Herbert Sommerfeld, Vom Friedrichswerder im 19. Jahrhundert. In: Zeitschrift des Vereins für die Geschichte Berlins, 56. Jg., Berlin 1939

Fritz Stahl, Alfred Messel. In: Berliner Architekturwelt, Nr. 9, 1911

Lothar Uebel, Friedrichswerder am Schloss, Berlin 2011

Siegfried Wege, Großstädtisch mit menschlichem Maß. In: Berlinische Monatsschrift, Nr. 3, 1999, S 61 ff

Hermann Vogt, Die Straßen-Namen Berlins. Schriften des Vereins für die Geschichte Berlins, Heft XXII, Berlin 1885

Volkswirtschaftliche Abteilung der Deutschen Reichsbank, Von der Königlichen Bank zur Deutschen Reichsbank, Berlin 1940

Hermann Zech, Gedenktafeln in der alten Mitte Berlins, Berlin 2001

Leopold Freiherr von Zedlitz, Neuestes Conversations-Handbuch für Berlin und Potsdam, Berlin 1834

Helmut Zschocke, Geheimnisvolles Alsenviertel am Bundeskanzleramt, Frankfurt/Main 2017

Helmut Zschocke, Alt-Berliner Bauten auf Wanderschaft, Norderstedt 2014

Bildnachweis

Stiftung Preußischer Kulturbesitz Deutsche Staatsbibliothek (1), Landesarchiv Berlin (10), Stiftung Stadtmuseum Berlin (5), Landesdenkmalamt Berlin (6), Technische Universität Berlin Architekturmuseum (2), Bundesarchiv (5), Stiftung Preußische Schlösser und Gärten Berlin Brandenburg Schloss Charlottenburg (6), Brandenburgisches Landesamt für Denkmalpflege und archäologisches Landesmuseum (1), ADN-Bildarchiv Berlin (1), Süddeutscher Verlag Bilderdienst München (3), Evangelische Kirchengemeinde Berlin-Dahlem (1) Akg-images gmbh Berlin (1), Berlin-Sammler (1), Wikimedia Commons (1), Straube-Plan 1910 (1), Gerhard Brand (4), Helmut Zschocke (16)

Festschrift zur Feier der Grundsteinlegung für den Erweiterungsbau der Reichshauptbank, Berlin 1934 (9), Ernst Pilch, Zweihundertfünfzig Jahre Friedrichs-Werdersches Gymnasium, Berlin 1931 (1), Meta Schoepp, Benjamin Raule. Des Großen Kurfürsten großer Marinedirektor, Düsseldorf o. J. (1), J. W. Richter, Benjamin Raule, der General-Marine-Direktor des Großen Kurfürsten, Jena, Berlin 1901 (2), Helene und Julius Freudenberg, Philipp Freudenberg, Berlin 1918 (1), Martin Niemöller, Vom U-Boot zur Kanzel, Berlin 1934 (1)

www.ingramcontent.com/pod-product-compliance
Lightning Source LLC
Chambersburg PA
CBHW060838190426
43197CB00040B/2671